普光院亜紀

不適切保育はなぜ起こるのか

——子どもが育つ場はいま

Aki Fukouin

岩波新書
2019

はじめに

「子どもが執拗に恫喝されている」
「食事を無理強いされている」
「萎縮する子どもの腕をつかんで揺さぶり怒鳴っていた」

私が顧問を務める「保育園を考える親の会」のホームページには、保護者からの、こうした「不適切保育」に関する相談が年に数回届く。「不適切保育」とは、暴力や暴言その他の人格を傷つける行為によって子どもの心身に有害な影響を与える保育を指す。私たちの会は、体制を整えていないこともあり、相談機関としての広報はしていないが、困りに困って、たまたま会のホームページを見つけて頼ってこられる。相談者が保育施設の職員である場合もある。

「保育園を考える親の会」は、一九八三年に創会し、保育園に子どもを通わせながら働く親たちの支え合いの活動を四〇年にわたって継続してきた。私は一九九三年から二〇二二年にかけて代表を務めたが、現在は顧問・アドバイザーとして、運営のサポートや保護者からの相談に対応している。

私自身は、わが子がお世話になった認可私立保育園への感謝の気持ちから、保護者とともに保育園も応援するつもりで活動してきた。しかし近年、保護者からの相談を受けるうちに、保育施設の中には看過できない質の低下が起こっているところがあることを認めざるをえなくなった。

不適切保育に関する訴えにはさまざまな内容があるが、私の目から見て保護者が過保護だったり悪質なクレーマーだったりすることはほとんどない。送迎時の目撃や子どもの話などの少ない情報しかなくても、明らかに不適切な保育になってしまっていることがわかる話が多い。詳細な状況がわかったケースでは、在園中の弟のたどたどしい話を聞いた小学生の姉が「私もあった」「(そんな目に遭うのは)自分が悪いと思っていた」と当時経験したことを詳しく話したという例もあった。保護者は当時から「しつけが厳しい先生」だと思っていたが、ここまで子どもの心を傷つけるようなことが起こっているとは思っていなかったという。そんなふうに、実際に起こっていることが見逃されているケースは数多くあるのではないかと思う。

深刻なのは、保護者が思い切って園に抗議をしても、「必要な指導です」「あなたの子どもにも問題がある」などと、自身の保育を振り返ることなく答える園があることだ。さらに、園に取り合ってもらえず、保護者が自治体の担当課に訴えても「保育内容のことは立ち入れない」「基準は満たしている」などの大雑把な対応をされてしまうことも少なからずあった。

私は、二〇〇六年から〇八年にかけて厚生労働省の「「保育所保育指針」改定に関する検討会」の構成員を務めたが、このとき、保育所保育指針は告示化され(従来の通知から大臣告示となった)、遵守すべき法令として示された。しかし、不適切保育があるような園では、指針で繰り返し求められていることが二の次になっていることに驚いた。自治体の担当課も指針を読んでいないのではないかと思うことがあった。少なくとも、二〇二二年に静岡県裾野(すその)市の不適切保育問題が報道されるまでは(詳細は第1章参照)。

念のために補足するが、私は、心から尊敬する園や保育者と数多く出会ってきた。保育を視察させていただいて、保育環境の創意工夫の素晴らしさや、保育者の保育についての考察の奥深さに心を打たれたことも数えきれないほどある。

それだけに、保育の質の格差を改めて感じる。

保育施設・保育者が、不適切保育に陥ってしまう背景には何があるのだろうか。そもそも保育の質とは何か。保育の質は子どもに何をもたらすのか。不適切保育は子どもから何を奪うのか。いま、これらの問いに向き合う必要がある。

先に、保育所保育指針が「二の次になっている」園があると述べたが、そうならざるをえないような現場の状況もある。一見、保育者の資質という属人的な問題のように見えることが、実は、保育を単に預かりサービスとみなしてきた日本の保育制度の紆余曲折とも関係している。そんな構造的な問題も視野に入れる必要がある。

これからわが子のために保育園を選ぼうとしている方、わが子が保育園に通っている方、保育者、保育施設経営者、保育を学んでいる方、保育行政の担当者、保育政策に関わる政治家、そして不適切保育に関心をもったすべての方々に、本書が提示する問題を知っていただき、今後の保育のあり方についてともに考えていただけることを願ってやまない。

目　次

第1章　相次ぐ不適切保育の実態

裾野市の事件が照らし出した暗がり

二〇二二年一一月三〇日、静岡県裾野市長が記者会見を開き、市内の私立認可保育園で不適切な保育があったことを明らかにした。市の調査によれば、三人の保育士が一歳児に対して、足を持って宙吊りにしたあと真っ暗な排泄室に放置したり、食事の際に怒鳴ったり頬をつねったりなど、暴力的行為を含む一五項目にわたる不適切な保育を行ったという。

この会見は、世間に大きなショックを与え、報道機関は一斉に事件の詳細を追った。

一二月四日には、保育士が暴行容疑で逮捕。翌五日、裾野市長は「園長は虐待を知りながら、事実を隠蔽した」として園長を告発した。報道は過熱し、一時期、メディアに三人の保育士の氏名や顔写真まで掲載されるにいたった。

一二月二三日、静岡地検沼津支部は三人の保育士の処分保留を決定し釈放。園長に対する告発についても、翌年一月二四日に市長自ら取り下げ、「告発による捜査で園や保育士、園児・保護者らにさらなる負担がかかることを避けた。正常な保育環境を取り戻すことを最優先に考えて判断した」と説明した。折しも市では認可保育所等への四月入園の利用調整が行われる時期に入り、大きな認可保育園が機能しなくなることは、地域にとって打撃だった。市には、園関係者や保護者から園の存続を求める嘆願書が提出されていた。

この間、裾野市と静岡県は行政処分へと動いた。一二月三日から共同で特別指導監査に入り、二〇二三年二月九日に、設置者である社会福祉法人に対して改善勧告を発出した。

こうして裾野市の不適切保育事件は、二カ月ほどで報道機関のマークから外れていった。しかし、裾野市の発信の波紋は、全国で同時多発していた不適切保育事案を、次々に白日のもとにさらしていった。

裾野市の記者会見から二〇二三年三月までの四カ月間で、私が書き留めただけでも、認定こども園（神奈川県横浜市、富山県富山市、長崎県佐世保市、静岡県浜松市）、認可保育園（東京都日野市、世田谷区、江戸川区、奈良県生駒郡）、小規模保育（千葉県松戸市）、認可外の企業主導型保育（新潟県新潟市）など、さまざまな種類の保育施設の不適切保育が発覚し、報道されている。そのうちいくつかは、裾野市の記者会見以前から問題になっていたものだったが、裾野市の事件を目の当たりにして、自治体や園、保護者の行動が変化したことにより世間の知るところとなっていた。

コラム1　保育施設の種類

保育施設には、大きく分けて認可と認可外がある(図1-1)。
認可は国・自治体の基準を満たし自治体の認可を受けている施設であり、その運営費は国及び自治体からの公費と保護者負担(保育料)で賄われている。認可保育園は、法令上の正式名を「保育所」といい、原則として〇歳から就学前までの「保育の必要性」が認められた子どもが利用できることになっている。認定こども園は、認可保育園の利用児童に加えて、三歳以上の「保育の必要性」が認められない子どもも利用できる幼保一体化施設である。

ちなみに、「保育の必要性」とは、市町村が家庭の状況から判断して認定するもので、保護者が就労、介護、病気その他の事情で子どもの保育ができない状況がある場合に認定される(給付制度)。「保育の必要性」が認められない三歳以上児を一号認定、「保育の必要性」が認められる三歳以上児を二号認定、三歳未満児を三号認定という。

認可保育園は二号・三号認定の子どもが利用する。認定こども園は一号・二号・三号認定ともに利用できる。小規模保育・家庭的保育は、主に三号認定を受けた三歳未

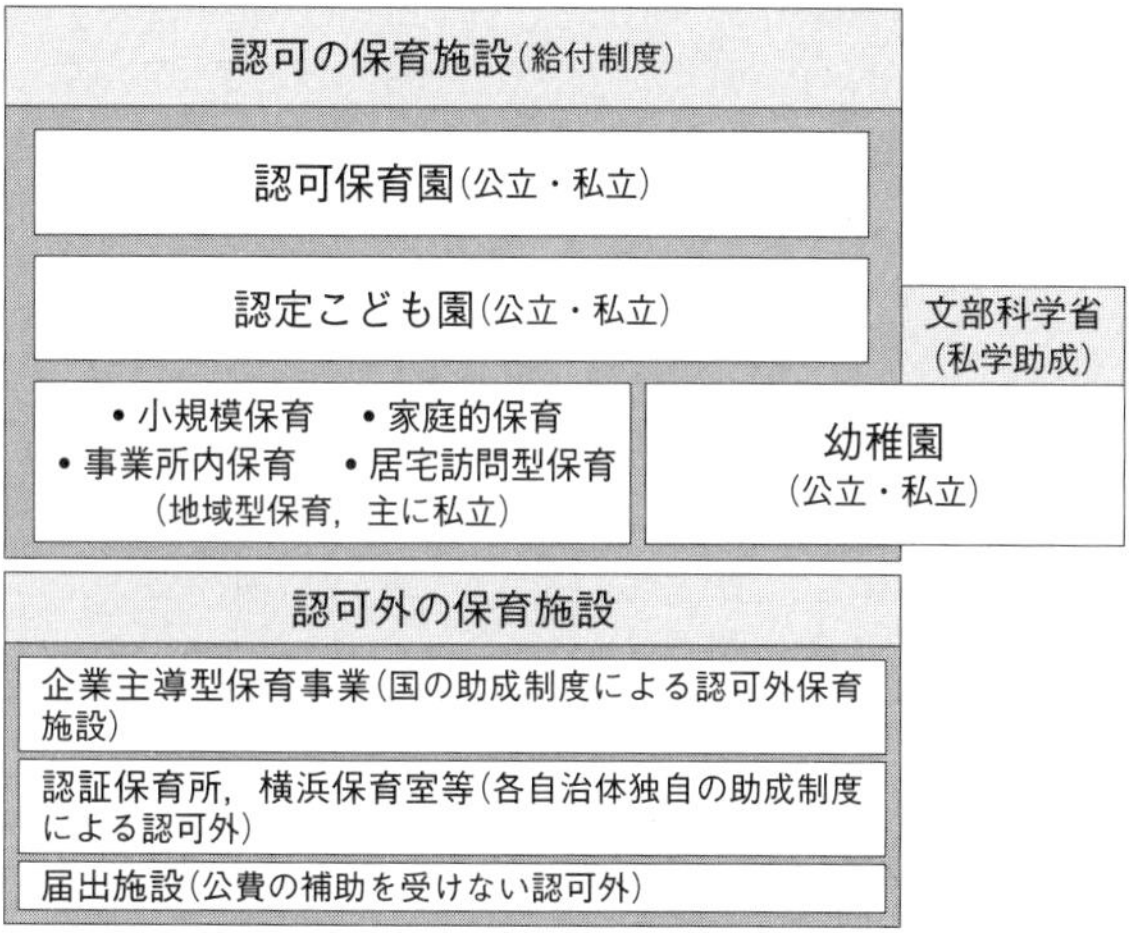

認可の保育施設(給付制度)

認可保育園(公立・私立)

認定こども園(公立・私立)

文部科学省
(私学助成)

・小規模保育　・家庭的保育
・事業所内保育　・居宅訪問型保育
(地域型保育，主に私立)

幼稚園
(公立・私立)

認可外の保育施設

企業主導型保育事業(国の助成制度による認可外保育施設)

認証保育所，横浜保育室等(各自治体独自の助成制度による認可外)

届出施設(公費の補助を受けない認可外)

(自治体によって制度は異なる．私学助成の幼稚園以外はこども家庭庁の管轄)

図1-1　保育施設の種類

満児が利用する制度として設けられている。一号認定の子どもが利用する幼稚園には、給付制度の園と私学助成の園がある。

　認可外の保育施設とは、認可以外の施設を指すが、企業等の拠出金を財源に国が認可外事業所内保育を助成する企業主導型保育事業のほか、自治体が独自の基準を満たした認可外施設に助成金を出す助成制度など、待機児童対策のために認可よりも緩い基準で国や自治体が設けているものもある。

見えているのは氷山の一角

以前から不適切保育が報道されることは、ときどきあった。しかし、どれも小さな記事になる程度で、裾野市の会見から始まった一連の騒動のようにセンセーショナルになることはなかった。市長が園を厳しく責めたことについては裏事情も囁(ささや)かれているが、この事件によって保育業界および行政に大きな揺さぶりがかかったことの意味は大きい。

私は、「保育園を考える親の会」という保護者がつくる市民グループで、顧問・アドバイザー(ボランティア)として保育施設に関する相談を受けている。たまたま「保育園を考える親の会」のホームページを見つけた方からの相談を年間四〇〜五〇件受けているに過ぎないが、不適切保育に関する相談は以前から一定数存在していた。保護者や内部告発者の訴えを聞けば明らかに子どもの人権を侵害していると思われるケースでも、大きな問題になることなく、問題にした家庭が転園したり、問題にされた保育士が異動になったり(系列園で職務を継続)してうやむやになったものはいくつもある。私は、相談者の希望があれば、できる範囲で自治体への働きかけなども行ってきたが、その対応に頼りなさを感じることも少なくなかった。

そんな最中、裾野市の問題が報道された。私がちょうど相談を受けていた事案でも自治体や施設が対応に動き始めた。裾野市の報道で、保育園・自治体、そして保護者の間でも、このような保育は問題だという認識が共有され始めたことを感じた。

それでもまだ不適切保育が一掃されたわけではない。こんなに大騒ぎになったにもかかわらず、新しい事案は絶えることなく発生している。残念ながら、報道されたのは氷山の一角に過ぎない。

保護者の立場からの要望

私は、長年にわたり「保育園を考える親の会」の代表として保育施策にかかわる仕事に携わってきた。保育施設を見学したり評価したりする機会も多く、その過程で、子どものために保育の質を高めようと献身的な努力を重ねている保育関係者と数多く出会ってきた。長らく保護者の立場から保育制度改善のための発信を行ってきたのも、子育てを支えてくれた保育園への深い感謝の気持ちがあったからだった。それだけに、裾野市の事件やそれに対する世間の反応を見て、頑張っている事業者や保育者が打撃を受けていることを思うといたたまれない気持ちになった。

しかし、それ以上に、一部の施設ではあるが、抵抗できない子どもがひどい目に遭っているのに周囲の大人たちが見て見ぬふりをする現状を放置しておくことはできないという思いのほうが強かった。裾野市の問題が注目を集めたこの機会に、全国の保育施設や自治体は、子どもの人格・人権を尊重する保育のあり方について改めて考え、話し合ってほしい。そんな強い思いを込めて、二〇二二年一二月一二日、「保育園を考える親の会」として意見をまとめ、「保育施設における不適切保育の防止に関する緊急要望」を厚生労働大臣、少子化担当大臣宛に提出した。

その内容について、ここで紹介しておこう。

何よりも(1)の意識啓発が保育者に対して徹底して行われることが重要であることは間違いないが、これまでの会での相談対応経験から、不適切保育が発生したときに園長や自治体職員の責任感が足りりず、修正する行動をとれない現状をなんとかしなければならないという問題意識があり、(2)以下の要望となった。

(1) 関係者の啓発を行ってください

保育事業者、施設長も含めた保育施設職員、自治体の関係職員を対象として　虐待保育・不適切保育を防止するための啓発を行ってください。

〔必要な内容〕

- 子どもの権利条約（特に二〇〇六年・一般的意見八号）
- 不適切保育の定義・具体例、「しつけ」との区別（身体的・心理的な苦痛を与えることは「しつけ」にはなりえないこと）
- 不適切保育が子どもの発達に与える影響
- 法令・規則との関係
- 保育者が困りがちな局面における子どもの発達・心理の知識、具体的な保育手法の例示
- アンガーマネジメント

(2)　内部告発や保護者の訴えを受ける窓口を設置してください

市区町村の担当課、都道府県の指導監査部門等に「不適切な保育・教育に関する相談窓口」を設け、子どもの人権が侵害されているおそれがある相談があった場合には、即座に調査を行う体制をつくってください。

内部告発者や保護者は、事実を訴えることで不利益を被る状態にあることが多いため、

告発者・相談者を守りながら解決を模索する必要があります。

(3) 自治体・事業者・施設長の責務を明確化してください

上記と関連して、保育の場において子どもの人権侵害を防止する責任は、自治体・事業者・施設長にあることを法令等に明記してください。これらの立場でありながら、内部告発や保護者からの訴えに取り合わなかったり、いたずらに対応を遅らせたりすることがあった場合には、責任を問われるしくみにしてください。

(4) 調査・事後検証の手順を示してください

不適切保育に関する相談や告発があった場合、園・自治体が次のような調査等を行うべきことやその手順を示してください。

〔内容例〕

- 訴えがあった場合は、速やかに事実を確認する調査を行う。
- 事実が確認された場合には、当該保育者を現場から離すなどの対応を行い、子どもの被害を食い止める。職員が不足する場合は、自治体が支援する。

・被害の範囲や要因を明らかにするため、他の職員や保護者にも聞き取り調査を行う。調査の際に子どもの心に悪影響を与えないための配慮等についても示す。
・調査は自治体が自ら行うか、自治体の介入のもとに事業者が行うこととし、決して事業者任せにしない。調査等の結果、深刻な事実が明確になった場合には、事後検証委員会を設置し、再発防止策の報告を行う。

(5)　保護者には正確な事実を伝えてください

不適切保育が起こった事実を当該園の保護者全体に伝えてください。被害に遭った子どものプライバシーを配慮する必要がある場合は、全体への伝達とは別に、クラス別あるいは家庭別に事実を正確に説明するようにしてください。

家庭が子どもに起こったことを知らないままでは、子どもの心のケアや、子どもに異変があった場合の対応がうまくできないおそれがあります。

これらの説明は自治体の立ち会いのもとで行うなど、責任ある立場の者が内容や経過を確認できる方法で行う必要があります。

(6) 子どもの心の状態を確認し、必要なサポートを提供してください

深刻な不適切保育が明らかになった場合は、専門家による診断などで子どもの心への影響を調べ、治療が必要になった場合には、家庭がサポートされるしくみをつくってください。

(7) 保育士資格剝奪と再取得の禁止措置を定めてください

甚だしく心身を傷つける保育を行った保育者は、保育者としての適格性を確認し、不適格と判定された場合には保育士資格を剝奪する、さらには、再取得を禁止するなどの措置が必要です。イギリスのＤＢＳのしくみなども参考してください。

(8) 保育士に適格で意欲的な人材が集まるよう制度を改善してください

このような不祥事が相次ぐ背景には、保育士人材の不足があります。保育所保育指針に基づき子どもに質の高い保育を提供しようとする意欲的な人材が、疲弊してしまうような現場の状況は速やかに改善すべきです。保育士の配置基準や待遇を改善し、保育士に意欲的かつ適性をもった人材が集まるように制度や構造の改善を行ってください。

（保育園を考える親の会「保育施設における不適切保育の防止に関する緊急要望」より抜粋）

コラム2　イギリスのＤＢＳ

ＤＢＳとはDisclosure and Barring Serviceの略で、重大な暴力的・性的犯罪を行った者が、子どもに密接に関わる業務に従事することを禁止するしくみ。イギリスの制度で、ドイツやフランスその他の数カ国で類似する制度が行われている。イギリスでは、対象となる職業等の範囲を国が定義し、性犯罪歴等一定の前歴をもつ者がこれらの子ども関連業務に従事することを禁止している。禁止されている者が該当する職業等についたり、雇用者が事情を知りながら雇用したりすると犯罪になる。あくまでも再犯を防ぐ制度ではあるが、こういったしくみが実施されることで、子どもへの性犯罪を抑止する効果は大きいと考えられている。

コラム3　保育所保育指針

保育所保育指針とは、保育所で行うべき保育の内容について国によって示された指針。幼稚園教育要領や幼保連携型認定こども園教育・保育要領と共通の内容も多い。基本となる考え方から現場でどういう意図をもって何に配慮してどのような保育を展開すべきかが書かれている。保育のねらいや留意点が子どもの発達過程にそって書き分けられているほか、保育の計画、食事を含む健康や安全への配慮、子育て支援、職員育成などについても実践的に記されている。

ブラックボックスになりがちな特性

不適切保育が見過ごされる、あるいは周囲が目撃しているのに止められないということがなぜ起こるのか。保育施設には、そうなってしまいがちないくつかの要因がある。

ひとつは不透明性、つまり保育施設は外から見えづらく、ブラックボックスになりがちだということ。

乳幼児はまだ自分から伝える力を十分にもっていない。何かつらい体験をしても、それを保護者などに伝えることができない場合が多い。裾野市の不適切保育は一歳児クラスで起こったが、この年齢の子どもは「誰が」「いつ」「どうした」という話はできない。三歳以上になればある程度の話はできるが、自他をはっきり認識する力が育っていないため、悪気がなくても嘘や妄想がまじってしまうことがある。そのため、私が受けた相談事例でも、保護者が子どもの様子や話から異変を感じて園に伝えても、「子どもの言うことです」と軽くあしらわれてしまうことがあった。五歳児がかなりしっかりした話をしているにもかかわらず、園や自治体に信用してもらえなかったこともある。

同じような子どもの訴えが複数あれば、さすがにそう邪険にはできないはずだが、現在、父母会・保護者会などの保護者組織が減少していたり、保護者同士のつながりが薄くなっていたりするため、保護者間で情報を交換することが難しくなっている。

このように、保護者がわが子の言うことだけを頼りに自治体に訴えても、話が前に進まないことが多い。事実を確認できないというのが、その理由だ。このとき、子どもに事情聴取をするなどということは、安易にはできない。伝える力が未発達だということもあるが、子どもに対してつらい体験を何度も話させることは心の傷を広げるおそれがある。また、センシティブな（むしろ社会性が発達している）子どもは、大人たちの深刻な様子を見て「自分が悪い」と思い込み、さらに心が傷つくケースもある。

一方、保護者自身が保育の様子を見られるのは、日々の送迎時と、保育参観や行事などの機会になる。しかし通常、保護者の目があるときに不適切な保育は起こらない。私が知るいくつかのケースでは、保護者がボイスレコーダーを通園バッグの中に潜ませて、保育中の音声を録音して証拠をつかんだということもあった。そこまでしないと、子どもや保護者の訴えが信用してもらえなかったためだ。

もちろん、子どもや保護者に認識違いがある場合もあり、一方の話だけで判断することはできない。しかし、子どもが困っている、苦しんでいることがわかったときは、周囲の大人は十分に細やかな注意を払って、その原因の解消に努めるべきだ。

「訴え」や「通報」が葬られる背景

ここで、裾野市の行政と園の対応を少し詳しく振り返ってみよう。

二〇二二年八月一七日に不適切保育が行われているという通報を受けた市の職員は、すぐに通報者に面会し、その五日後に園長に面談し、事実を調査するように指導した。園長は、その日のうちに三人の保育士の不適切保育を確認して市に報告し、翌日には三人を異動、二日後には自宅待機処分にした。通報があってから、問題の保育士が子どもから離されるまで一週間が経過していた。

その後、園は他の保育士にもヒアリングを行い、結果を市に報告するとともに、職員会議を開き再発防止策をまとめて市に提出している。しかしその後、園の市への報告が不十分だという理由で、市は園に対して指導監督の権限をもつ静岡県に報告することを通告。その時点（二〇二二年一一月二八日）で事実経過を市長に報告したという。園は直後に一歳児の保護者に保護者説明会を実施したが、突然のとんでもない報告に保護者はショックを受け、説明会は大荒れになった。市長は一一月三〇日に記者会見で事件を世に公表した。八月に通報があってから、三カ月半がたっていた。

指導監督責任を負う静岡県が特別指導監査を行ったのはその後で、設置者である社会福祉法人に対して改善勧告が発出されたのは翌年二月九日だった。通報があってから行政処分まで、半年近くがたっていた。

こうして見ると、行政処分が下りるまでにずいぶんと時間がかかっている。しかし、通報を受けて即日に市が介入し、園も問題の職員をすぐに子どもから離しており、まず子どもの安全が図られた点はよかったと思う。裾野市の報道を読んだとき私は、行政も園も事実を把握してからの対応が早く、想像していたよりもまっとうだと思った。私が保護者等からの相談に乗った事例では、園長・園運営者や自治体が不適切保育に対して鈍感で、保護者が訴えてもすぐに対応しないことも少なくなかったからだ。

通報が事実と思われるときは、一刻も早く問題の保育士を子どもから引き離すことが重要だ。通報されるまでの間も、子どもたちは傷ついている。対応は一刻も早いほうがいい。

にもかかわらず、園の反応がにぶいケースというのは、園長自身も子どもの人権に関する意識が低く、保育士の不適切なかかわりがあっても指導の一環だと考えてしまっている場合が多い。これに関しては後述する。

また、園長・園運営者が「よくない」ことをわかっていても、不名誉な事実を表に出したくないために、保護者や内部通報者の訴えに向き合わない場合もある。園が必要な対策をとらない場合、保護者や内部通報者は市町村や都道府県などの行政の介入を頼りにするしかないが、ここがまたうまくいかない。行政職員にはいろいろな自治体業務を経験してきて、そのときたまたま保育課に配属されているという人もいる。保育や子どもの権利について理解が薄いため、園から「しつけです」「指導です」と言われると反論できず、訴えに対して「民間さんの保育内容のことには立ち入れない」と答えてしまう場合は少なくない。

裾野市の事件が報道されて以降、自治体職員の意識もかなり変わったのではないかと思うが、不適切保育とはどんなことか、どういうデメリットがあるのか、常に関係者の意識啓発を行っていかないと、元の木阿弥になってしまうかもしれない。

コラム４　指導監査とは

指導監査（指導検査とも言う）とは、自治体が認可・認可外の保育施設について運営内容が適正かどうかを調べるしくみで、年に一回は実施することが自治体に義務づけられている。この責任および権限をもつのは、都道府県、政令市、中核市などである。

施設設備や職員配置が基準を満たしているかどうか、安全管理や衛生管理はできているか、運営費の使い方に不正はないかなど、多岐にわたる項目がチェックされる。

実際の監査業務は、運営体制や経理などに関する文書の確認が多くなりがちであり、監査すべき基準の一部として保育所保育指針や幼保連携型認定こども園教育・保育要領も含まれてはいるものの、現場での保育の状況にどの程度踏み込んでいるかは自治体による差も大きい。

不正や不適切な事柄が指摘され、施設がその改善を十分に行わない場合には、改善勧告・命令などが出される。命令に従わなければ、事業停止命令・認可取り消しに至ることも想定されている。このように指導監査は厳格な行政処分であり、指導等は客観的な根拠に基づいて行うように定められている。そのことを挙げて、自治体が不適切保育の認定に慎重になるケースもある。

保育は止められないライフライン

不適切保育が明らかになった裾野市の保育園について地域から存続の嘆願書が出されていたことからもわかるように、保育施設は地域のライフラインともいうべき重要な機能をもっている。家庭にとって保育は生活をつなぐためになくてはならないものであり、突然保育が中断するようなことがあると、家庭は即座に困窮してしまう。

実は、保育施設のそんな特性も、問題を埋もれさせる原因になる。

問題の保育士を現場から外すと職員配置が満たせなくなり、保育が継続できなくなることがネックとなって、園や自治体が対応を躊躇するケースもあった。また、事実をよく知らない他の保護者が保育士を擁護して、問題が複雑になるケースもあった。園の混乱は避けてほしいという保護者の願いも切実なものだ。

しかし、そういった大人の都合ばかりが優先されて、子どもがつらい目に遭い続けるとしたら、これほど理不尽なことはない。子どもを犠牲にして大人の事情が優先されてはならない。もちろん、保育が止まって親が職を失うようなことがあれば、それも子どもにとって不利益になるので、周囲の大人たちは「子どもの最善の利益」を幅広く考慮し柔軟に対応しなければならない。たとえば、問題になっている保育士を外すことで保育が継続できないような事態になるのであれば、自治体直営の保育施設（公立保育園、公立認定こども園）などから支援の職員を派遣するなどもひとつの救済策だ。自治体は、常に保育の提供責任を果たすべき立場にいる。

改めて不適切保育とは何か

こうして不適切保育にかかわる現状を振り返ると、誰もが、不適切保育とは何かについて大人たちがもっと明確な共通認識をもつ必要性を感じるだろう。

チェックリストをつくってほしいという要望が、保護者からも保育者からも聞かれる。あまり表面的な〝禁止リスト〟をつくっても本質を逃すのではないかという懸念もあるが、不適切保育の定義やその含まれる範囲がある程度具体的に示されないと、関係者の共通認識をつくることも難しくなる。

二〇二三年五月、こども家庭庁は「保育所等における虐待等の防止及び発生時の対応等に関するガイドライン」を発表した。その中で、「保育所等における虐待等」と「不適切な保育」(本書で「不適切保育」と呼んでいる領域と重なる)の定義づけを行っている。

ガイドラインでは図1-2のように、「こどもの人権擁護の観点から望ましくないと考えられるかかわり」の中に、「虐待等と疑われる事案(いわゆる「不適切な保育」)」があり、さらにその中に「虐待等」と言える事案があるという考え方を示した。

「虐待」の内容については、家庭での児童虐待について定義されている四つのカテゴリーを例示している(表1-1)。また、「不適切な保育」の具体例については今後議論を深めていくとしている。

表1-1の「虐待」のうち、身体的虐待、性的虐待として例示された行為は、おそらく誰が見ても不適切であることは明らかだと思うが、ネグレクトや心理的虐待として例示された行為の一部には、人によってそれがなぜ子どもにとって有害なのかわからないかもしれないものも

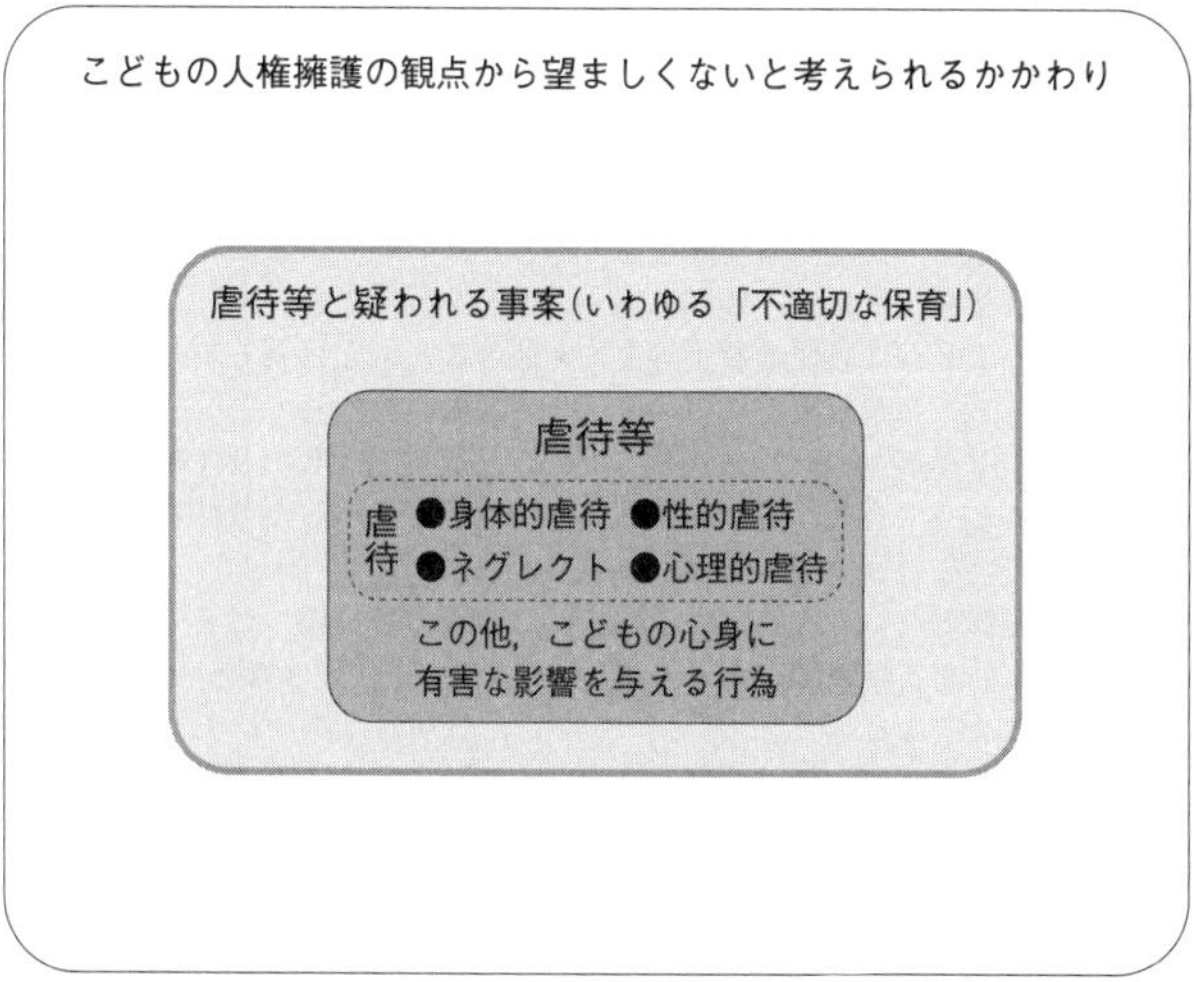

出所：こども家庭庁「保育所等における虐待等の防止及び発生時の対応等に関するガイドライン」2023年5月

図1－2 「虐待等」と「虐待等と疑われる事案（いわゆる「不適切な保育」）」の概念図（ガイドラインより）

ある。この点については、次章で少し踏み込んで解説したい。

なお、ガイドラインは、「保育所等における虐待等」は法令により明確に禁止されているとして、「児童福祉施設の設備及び運営に関する基準」（昭和二三年厚生省令第六三号）第九条の二「児童福祉施設の職員は、入所中の児童に対し、法第三十三条の十各号に掲げる行為その他当該児童の心身に有害な影響を与える行為をしてはならない」を示している。ここで、「法」とは児童福祉法のことを指し、「第三十三条の十各号」は表1－

子どもに対する虐待(ガイドラインより)

ネグレクト	心理的虐待
• こどもの健康・安全への配慮を怠っているなど．例えば，体調を崩しているこどもに必要な看護等を行わない，こどもを故意に車の中に放置するなど • こどもにとって必要な情緒的欲求に応えていない(愛情遮断など) • おむつを替えない，汚れている服を替えないなど長時間ひどく不潔なままにするなど • 泣き続けるこどもに長時間関わらず放置する • 視線を合わせ，声をかけ，抱き上げるなどのコミュニケーションをとらず保育を行う • 適切な食事を与えない • 別室などに閉じ込める，部屋の外に締め出す • 虐待等を行う他の保育士・保育教諭などの第三者，他のこどもによる身体的虐待や性的虐待，心理的虐待を放置する • 他の職員等がこどもに対し不適切な指導を行っている状況を放置する • その他職務上の義務を著しく怠ること など	• ことばや態度による脅かし，脅迫を行うなど • 他のこどもとは著しく差別的な扱いをする • こどもを無視したり，拒否的な態度を示したりするなど • こどもの心を傷つけることを繰り返し言うなど(例えば，日常的にからかう，「バカ」「あほ」など侮蔑的なことを言う，こどもの失敗を執拗に責めるなど) • こどもの自尊心を傷つけるような言動を行うなど(例えば，食べこぼしなどを嘲笑する，「どうしてこんなことができないの」などと言う，こどもの大切にしているものを乱暴に扱う，壊す，捨てるなど) • 他のこどもと接触させないなどの孤立的な扱いを行う • 感情のままに，大声で指示したり，叱責したりするなど

する．
の職員の状況等から総合的に判断する．その際，保育所等に通うこどもの立

等における障害者虐待の防止と対応の手引き」等で示す例を参照し，保育所

関するガイドライン」2023 年 5 月

表１－１　保育所等における職員による

行為類型	身体的虐待	性的虐待
具体例	• 首を絞める，殴る，蹴る，叩く，投げ落とす，激しく揺さぶる，熱湯をかける，布団蒸しにする，溺れさせる，逆さ吊りにする，異物を飲ませる，ご飯を押し込む，食事を与えない，戸外に閉め出す，縄などにより身体的に拘束するなどの外傷を生じさせるおそれのある行為及び意図的にこどもを病気にさせる行為 • 打撲傷，あざ(内出血)，骨折，頭蓋内出血などの頭部外傷，内臓損傷，刺傷など外見的に明らかな傷害を生じさせる行為 など	• 下着のままで放置する • 必要の無い場面で裸や下着の状態にする • こどもの性器を触るまたはこどもに性器を触らせる性的行為(教唆を含む) • 性器を見せる • 本人の前でわいせつな言葉を発する，又は会話する．性的な話を強要する(無理やり聞かせる，無理やり話させる) • こどもへの性交，性的暴行，性的行為の強要・教唆を行う • ポルノグラフィーの被写体などを強要する又はポルノグラフィーを見せる など

※このほか，こどもの心身に有害な影響を与える行為を含め，虐待等と定義
※個別の行為等が虐待等であるかどうかの判断は，こどもの状況，保育所等
場に立って判断すべきことに特に留意する必要がある．
※上記具体例は，「被措置児童等虐待対応ガイドライン」や「障害者福祉施設
等向けの例を記載したもの．
出所：こども家庭庁「保育所等における虐待等の防止及び発生時の対応等に

1の「虐待」の四つのカテゴリーを例示している。

ここまで問題になってきた不適切保育のうち、指導監査で改善が求められたケースでは、やはりこの規定が法的根拠にされていた。

また、ガイドラインでは図1－2の太線より内側、つまり「虐待等」を含む「不適切な保育」の部分を「保育所での保育士等による子どもへのかかわりについて、保育所保育指針に示す子どもの人権・人格の尊重の観点に照らし、改善を要すると判断される行為」としており、なんらかの指導の対象となる行為ととらえていることがわかるが、詳細な例示はされていない。

ひとつ明確に言えるのは、大人に対して行えば暴行罪や脅迫罪になるような行為、パワハラにあたるような行為は、子どもにもしてはいけないし、行政による指導の対象ともなる。これは、比較的わかりやすい指標になるだろう。

全国保育士会のセルフチェックリスト

このガイドラインが出される前から、不適切保育の範囲について参照されている資料として、全国保育士会のチェックリストがある。

全国保育士会は、二〇一七年三月「保育所・認定こども園等における人権擁護のためのセル

表1－2　全国保育士会のセルフチェックリストの一部

No.	一日の流れ	「良くない」と考えられるかかわり	あなたの保育では？ チェック欄	より良いかかわりへのポイント
1	日中	集団行動をするための言葉がけをした際、言葉がけを聞かない子どもに「〇〇しないなら〇〇できないからね」と言葉をかける。	□していない □している（したことがある）	「〇〇しないなら〇〇できない」との言葉がけは、子どもたちに行動を強要するかかわり（脅し）です。子どもたちが自分自身で考え、行動する力を育むことができるよう、肯定的な言葉がけをして子どものやる気を育てていきましょう。
2	昼食時	ごはんをこぼした子どもに対して、床に落としたものを拾って食べるように促す。また、ほかの子どもが大勢いる前でそのことを指摘する。	□していない □している（したことがある）	衛生的でなく、大人は決してしないことを子どもに強要するべきではありません。 また、ほかの子どもが大勢いる前での指摘は、「この子はいつもこぼしている」との先入観を子どもたちに持たせることにつながります。 子どもたちが互いに尊重する心が育つよう、配慮しましょう。
3	午睡時	なかなか寝つけずにいる子に「早く寝てよ。あなたが寝ないと仕事が出来ないんだよね」と言う。	□していない □している（したことがある）	自分の仕事を優先して考えるのではなく、子どもの気持ちやその日の状況に配慮したかかわりをしましょう。
4	午睡時	寝ずに話をしている子どもに対して、外で寝るように言ったり、布団を友だちの布団と離して敷いたりする。	□していない □している（したことがある）	午睡中に話をすることが他の子どもに迷惑であること、身体を休めることの大切さを伝え、子どもが納得して行動できるよう言葉がけをしましょう。
5	その他	どなったり、「〇〇しなさい」との言葉や子どもが怖がるもの（鬼等）を使ったりして、子どもを保育者の思いどおりに動かそうとする。	□していない □している（したことがある）	子どもに恐怖心を与えて、保育者の指示に従わせるのではなく、子どもが自ら行動できるような言葉がけを心がけましょう。

出所：全国保育士会「保育所・認定こども園等における人権擁護のためのセルフチェックリスト」2017年3月（2018年4月一部改訂）

フチェックリスト」を発表した（表1－2）。保育の現場で働く保育士・保育教諭が、「子どもを尊重する」ことや「子どもの人権擁護」について改めて意識を高め、自らの保育を振り返ることを目的に、子どもの権利条約、保育所保育指針、幼保連携型認定こども園教育・保育要領などにそってまとめたという。これは、現場でありがちな「「良くない」と考えられるかかわり」の具体例をチェックリストの形で示しており、「より良いかかわりへのポイント」としてヒントが添えられている。
「良くない」と考えられるかかわり」は、次の五つのカテゴリーで構成されている。
① 子ども一人一人の人格を尊重しないかかわり
② 物事を強要するようなかかわり・脅迫的な言葉がけ
③ 罰を与える・乱暴なかかわり
④ 一人一人の子どもの育ちや家庭環境を考慮しないかかわり
⑤ 差別的なかかわり

ただし、このセルフチェックリストが示す「かかわり」の具体例は、あくまでも日常の保育の中で保育者がうっかりやってしまいがちなことを挙げており、報道された事案のような暴力などはさすがに想定外となっている。

こども家庭庁のガイドラインでも、全国保育士会のセルフチェックリストが挙げる行為をそのまま不適切保育ととらえることはできないと解説している。すなわち、セルフチェックリストが挙げる具体例は、ガイドラインで言う「こどもの人権擁護の観点から望ましくないと考えられるかかわり」であり、よりよい保育のためには見直す必要があるものだが、行政が介入して指導するほどではないものも含まれているということだ。

表１－２はチェックリストの一部を抜粋している。全体の内容は多岐にわたっているため、ここでは紹介できないが、詳細は全国保育士会のサイトで見ることができる。

報道や「親の会」への相談でよく見られる事案

ガイドラインの「虐待」の例示（表１－１）のみではわかりにくいので、報道された事案や私が受けた相談で聞いた事案で不適切保育とされた具体的な行為をここで整理しておこう。全国保育士会の五つのカテゴリーにそって、よく見られた事案を列挙すると、次のようになる。

〈実際に起こった不適切保育の具体的な事案〉

①子ども一人一人の人格を尊重しないかかわり

- 以下の②〜⑤の行為
- 友だちの前で「叱られたの誰？」と名前を言わせるなどの屈辱を与える
- 泣き叫んでいるような子どもの訴えを無視する、放置する

②物事を強要するようなかかわり・脅迫的な言葉がけ

・大声での恫喝、激しい叱責、長時間の叱責
・食事の無理強い、食事やおやつを取り上げる
・午睡できない子どもに罰を与える

③ 罰を与える・乱暴なかかわり
・クラスの外に出す、押し入れやトイレに閉じ込める
・頭をたたく、両足を持って逆さ吊り、腕を持って引きずる、突き飛ばす

④ 一人一人の子どもの育ちや家庭環境を考慮しないかかわり
・トイレを我慢させる
・できないことを過剰に責める、できないからと参加させない

⑤ 差別的なかかわり
・身体的特徴をからかう
・特定の子どもに厳しくする

これに似た行為があれば即座に問題になるとか、逆に、これらの行為さえしなければよいとか、表面的にとらえてほしくはない。最も重要なのは、子どもがどう感じているかであり、前

後の経緯などを全体的に見る必要があるだろう。

裾野市の事件では、「足をつかんで逆さ吊りにした」という保育士の行為が不適切保育と認定されていた。同じころ報道されたほかの施設でも「逆さ吊り」が挙がっていた。活字で読むと「鬼のような所業」に思われるが、どんな状況で行われたのかも見なければならない。たとえば、大人が子どもの足を持って持ち上げて、子どもが喜んでいる親子遊びを見たことがある人もいるだろう。

裾野市の場合も、たぶん保育者はケガをしないように加減して行っていただろうし、実際それでケガをさせたわけでもない。保育者としては、そんなに激しい暴力のつもりはなかったのかもしれない。実際、保育士の弁護人からは、そんなに激しいものではないとの説明もあったようだ。しかし、市の記録には、保育士は「逆さ吊り」にしたあと、子どもを真っ暗なトイレに放置したとある。このとおりだとすれば、子どもは保育士にされるがままに体を扱われ、その瞬間、恐ろしさや悔しさ、悲しさを味わっていたのではないだろうか。

こども家庭庁のガイドラインも「保育所等に通うこどもの状況、保育所等の職員の状況等から総合的に判断すべき」としつつ、「その際にも、当該こどもの立場に立って判断すべきことに特に留意する必要がある」と示している。

子どもの立場、子どもの気持ちに視点を置くことは重要だ。

そのことを大前提としつつ、不適切保育の範囲や度合いについて図に示してみた(図1-3)。この図は実際に起こっている事案や報道をもとに私が作成したもので、実際にどんな具体的事実があったのか、子どもの状態はどのようであったのか、保育者の感情はどのようであったのかなどの状況によって、自治体の対応などは異なってくるだろう。

乳幼児の体は小さいので、大人はいかようにも扱えてしまう。乳幼児にとって保育者は、物理的にも精神的にも圧倒的な存在である。体が大きいというだけではない。保育施設では子どもは保育者を頼りに生活するしかなく、その保育者から怒りを向けられることは、恐怖でしかない。小さな子どもに対して大人は、恫喝する、たたく、排除する、食事などを奪う、屈辱を与えるといったことが、いとも簡単にできてしまう。子どもはされるがままになり、おびえたり泣いたりするしかない。

圧倒的に優位な立場をもって相手を脅したり苦痛を与えたりすることが人権の侵害であることはわかっていただけると思う。そしてそれは、人格形成期の子どもの心に傷をつける。

私が相談を受けた中には、小学校に入学後、厳しい教師が担任になり、子どもの心に保育園時代のフラッシュバックが起こって、登校できなくなったという事案が複数ある。医師からは

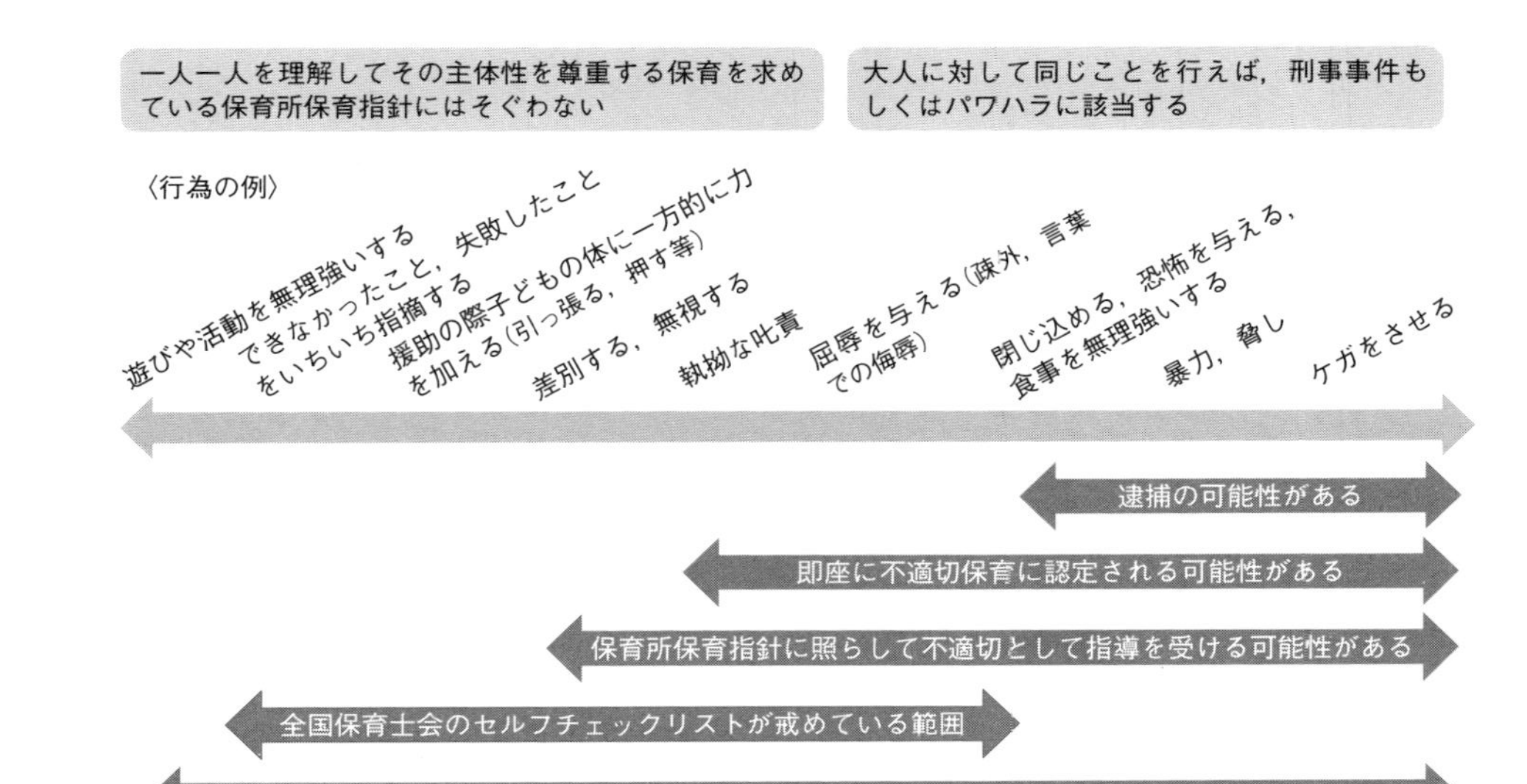
一人一人を理解してその主体性を尊重する保育を求めている保育所保育指針にはそぐわない
大人に対して同じことを行えば，刑事事件もしくはパワハラに該当する
〈行為の例〉
遊びや活動を無理強いする
できなかったこと，失敗したことをいちいち指摘する
援助の際子どもの体に一方的に力を加える(引っ張る，押す等)
差別する，無視する
執拗な叱責
屈辱を与える(疎外，言葉での侮辱)
閉じ込める，恐怖を与える，食事を無理強いする
暴力，脅し
ケガをさせる
逮捕の可能性がある
即座に不適切保育に認定される可能性がある
保育所保育指針に照らして不適切として指導を受ける可能性がある
全国保育士会のセルフチェックリストが戒めている範囲
子どもの自尊心，主体的に活動しようとする意欲が損なわれている可能性がある

図1－3　不適切保育の範囲と度合いのイメージ

ＰＴＳＤ（心的外傷後ストレス障害）の診断を受けている。心の傷は、場合によっては体の傷よりも深刻な事態を招くことを、関係者は十分に認識しておく必要がある。

第2章　不適切保育の背景にあるもの

——子どもが育つ場で何が？

不適切保育の背景をみる

前章で、不適切保育とはどの範囲のものを指しているのかについて考え、保育者には暴力のつもりはなくても、子どもが心身への苦痛や恐怖を感じている場合には暴力にあたることなどについて述べた。

しかし、子どものことが好きで保育士や幼稚園教諭になったはずなのに、どうしてそんなことをするのかと不思議がる声も聞こえる。その背景には、個人的な素養の問題もあるが、保育者が働く現場の環境の問題もある。

背景にある要因を、さまざまな事例に接してきた私の観点から整理すると図2－1のようになる。主な要素は次のように整理できる。

①　園の保育観・理念
②　保育者の資質
③　保育体制
④　子どもの特性
⑤　保護者との関係

①園の保育観・理念	②保育者の資質	③保育体制
・従わせ統制する子ども観 ・規律等の過剰な重視(完食・午睡ルール)	・子どもの発達や個性への理解不足 ・スキル不足 ・自己抑制力の不足	・現場に余裕がない ・保育を振り返る時間がない ・保育や子どもについて振り返り話し合う習慣がない

④子どもの特性	⑤保護者との関係
・さまざまな個性や発達(それぞれのペースがある，月齢差，個性)	・保護者とともに子どもを見守る関係がうまくつくれていない

図2－1　不適切保育はなぜ起こるのか

この中で、⑤は間接的なものだが、ここが良好であれば、保育の質の低下はある程度防止される。

②や③は①のあり方によっても左右される。②を高めるためには、③がそのための時間や労力を傾けられるようになっていなければならない。④に柔軟に対応するためには②が高くなければならない。このようにこれらの要素は、互いに影響を与え合うものだ。

以下、それぞれについて具体的な事柄と照らし合わせていこう。

園の保育観・理念という背景

保育園・こども園・幼稚園の入園案内には、どんな子どもに育ってほしいかという保育目標や、そのために園はどう考え、どういう保育をするのかという保育の理念などが書かれている。乳幼児期の育ちとして大切なこと、たとえば丈夫な体、豊かな感性、他者を思いやれるやさしい心など、心身の基礎を育むといったことを掲げている園が多い。

　では、それをどう実現するのかというと、園によりさまざまな考え方や手法がある。幼い子どもは何もわからないから、大人の指示・命令のもと「子どものためになる」活動を体験させて、その力を育もうと考える園もある。他方で、常に子どもの気持ちを尊重し、子ども自身が主体的に活動する、主体的に考える体験を積み重ねることで、その力を身につけていくことを援助しようと考える園もある。

　前者の考え方では、大人が考える「教育的な活動」が優先され、子どもに選択が任される場面は少なく、大人の指示・命令に従うことを求める場面が多くなる。このような保育手法が行き過ぎると、大人の言うことを聞くのが「よい子」という子ども観が保育者に定着し、安易に子どもを罰する傾向につながることがある。子どもの気持ちを考えることが疎(おろそ)かになり、食事について好き嫌いを言ったり残したりすると厳しく叱責したり、食事を無理強いしたり、午睡できないことも許せず、なかなか眠れない子どもに罰を与えるということも起こりやすくなる。

　二〇二〇年二月、大阪市内の保育園で一歳児が食事を無理強いされ、窒息により死亡するという事故があった。この園では長年にわたり、好き嫌いをせず時間内に「完食」するように指導しており、このときも、リンゴを嫌がる男児の口に保育士がリンゴとハンバーグを一緒に入れたところ、男児が泣いて体をのけぞらせ、食べ物がのどに詰まったという。こういった事故は過去にも起こっており、「完食ルール」は望ましくないという注意喚起がされているにもかかわらず、食事を無理強いする園は後を絶たない。

二〇二一年、東京都内の保育園で、嫌いなものを食べない子どもを長時間叱責し、最後には、腕をつかみ上げたり体をゆすったり突き飛ばしたりしていたことが内部告発によって明らかになり、東京都はこの園に対し「心身に有害な影響を与える行為」があったとして文書指導を行った。このとき、保育士は「小学校入学までに嫌いなものを食べられるようにと指導に熱が入ってしまった」と説明したという。

食事の好き嫌いをなくそうとすること自体は悪いことではない。「子どものため」に指導しているというのは嘘ではないだろう。しかし、嫌いなものを無理やり口に押し込まれて吐きそうになったり、激しい叱責の末に突き飛ばされたりするような経験が、はたして「子どものため」になっているだろうか。子どもの心の中で、大人に対する信頼感はどうなっただろう。そのように「扱われた」自分について、どんなふうに感じただろうか。

「しつけ」「指導」という不適切保育

不適切保育が問題になった事例で、園長等が「しつけです」「指導の一環です」と答えることは少なくない。そのような園では、集団生活をスムーズに運ぶためにはある程度厳しい「しつけ」「指導」が必要だと考えている。しかし、その「しつけ」「指導」が望ましい範囲を逸脱すれば、それは不適切な保育になる。

では、「望ましい範囲」の「しつけ」「指導」とはどのようなものか。「望ましくない範囲」との境目はどこにあるのか。

そもそも乳幼児期の「しつけ」「指導」とは、どういうことを目的としたどういう行為なのか、明確にしておく必要があるだろう。

家庭で子どもを虐待してしまった親が「しつけのつもりだった」と話すことがあるが、そんなときの「しつけ」は「大人(自分)に従わせること」と同義になってしまっている場合が多いように思う。

辞書の「しつけ」の項には「子どもに決まりや慣習、礼儀作法を教え込むこと」などと書かれているが、もう少し現代の子ども観や教育観に引き付けて、子どもの視点から定義するなら、

「子どもが生活習慣や社会性を身につけられるように導くこと」などとするのが妥当ではないか。小さいころから、よき生活習慣や振る舞い方を身につけられれば、大人になってからも無意識のうちに健康的な生活ができたり、社会性のある振る舞いができたりして、「生きやすさ」につながるはずだ。

そんな意味の「しつけ」であれば、多くの人が必要と考えるだろう。それは、子どもに大人への服従を強いることとは違う。そもそも罰を与えて大人が決めたルールを無理強いしても、子ども自身が納得できていなければ、それは本当に身についたことにはならないのではないだろうか。

私は常々、「子どもが生活習慣や社会性を身につける」ことに関して、保育施設は強みをもっていると考えてきた。

核家族の生活では、子どもの近くに一人か二人の大人しかおらず、子どもはその大人を頼りに、ときにはその大人との対立を繰り返しながら生活している。しかし、複数の大人や仲間とともに過ごす園生活には、小さな社会が存在する。子どもは、日々、保育者や友だちとともに楽しみながら生活し、ときには少し先を行く仲間の姿に刺激を受けたり、自分もできるようになりたいと願ったりしながら、体験を通して、ゆるやかに、さまざまなことを身につけていく。

こういった子どもの姿は、保育者の間で「育ち合い」と呼ばれてきた。

食事での好き嫌いに関しても、園で美味しそうに食べる仲間の姿、栽培活動やクッキング保育、みんなで読んだ絵本などがきっかけで嫌いなものが食べられるようになったなどということが、保護者の間でもわが子のエピソードとして数多く語られてきた。念のため補足しておくが、たとえ嫌いなものが食べられないまま卒園したとしても、不適切保育ほどの悪影響を人生に与えることはないと私は考えている。

園には子どもの集団があり、その「育ち合い」を上手に活かそうと意図をもってかかわる保育者がいる。その環境が、子どもが生活習慣や社会性を身につけることを助けている。これは現代の核家族ではつくり出しにくい環境であり、園で「しつけ」をしてもらったという保護者の感想は、そんな子どもたちの園生活体験からきている。

一方で、小さな子どもたちが集団で生活することのデメリットも存在する。

保育所保育指針の中に「一人一人」という言葉が三七回も出てくるのは、集団の中で一人一人の子どもの気持ちや状態が見落とされがちになることを戒めていると考えられる。人生で最も成長発達が著しい時期の、発達過程や個性が多様な子どもたちの集団生活を、おおむね一定のスケジュールにそって進むようにすることは、簡単ではない。不適切保育が食事や午睡の局面で起こりやすいのは、そこでピンチに陥ってしまう保育者が多いためではないかと考えられる。

私の視察経験からは、日頃から保育者が子どもに厳しく接し常に指示・命令で動かしているような園では、子どもは従順であることが多い。一見、そのほうが集団生活をスムーズに運べるように見える。しかし、そんな園では、子どもは抑圧されて元気がなく、自分で考えたり選択したりするチャンスを与えられていないように見えることが多かった。

そのような保育は、保育所保育指針が示す保育ではない。保育所保育指針は、保育者は子ども一人一人の発達や個性を尊重して援助し、やがて大人の細かい指示・命令がなくても子どもが自分たちで考え主体的に見通しをもって生活できるように、体験を通して学んでいくことを求めている。仲間と楽しく生活する中で生活習慣などを身につけていくことが想定されており、仮に集団での活動になじめない場面があったとしても、保育者が一人一人の気持ちに寄り添って援助する、そんな保育を保育所保育指針は求めている。

保育所保育指針の観点から考えても、有無も言わせず子どもを大人に服従させることは、「しつけ」でもないし「指導」でもない。このことは、学校教育の世界でも議論されているが、日本では子どもを集団で統括し従わせる教育が長く行われてきた歴史があり、いまだに子ども主体の教育・保育観に納得がいっていない大人は多い。このような精神風土にかかわる問題は、家庭での児童虐待、学校での体罰の問題ともつながっている。

保育者の資質という背景

「保育所保育指針が求める保育」と何度も書いたが、「言うは易し」である。

これまで私は、子ども一人一人を尊重する保育の実現に熱心に取り組む園にも数多く出会ってきた。そのような園ではそれに見合った保育観や理念、子ども観があるのはもちろん、自分たちの思いを実現しようとする園長や職員がいて、常に自らの保育を振り返りながら話し合い、試行錯誤をしていた。

「保育の質」の根幹をなすのは、「保育者の質」だと言っても過言ではない。保育者は、子どもが園で最も大きな影響を受ける環境の一部であるとともに、環境全体のつくり手でもある。保育者が一人一人の子どもや子どもの集団にどうかかわるか、その周囲にどのような物質的な環境を整えるか、生活の場としての時間軸をどう組み上げていくか、それらもろもろがまさに、子どもが日々園で体験する保育の営み（実体、質）になる。

そのような仕事をする保育者には、保育に関する専門知識だけでなく、子どもを受容したり理解したりする力、そこから明日の保育を考える想像力、それらを働かせる主体性や意欲が求められる。それらの営みから、保育観や保育のスキルなどが生み出される。

保育士は資格取得前に一定の専門知識を学んでいるが、現場でさまざまな場面を経験しながら、保育観やスキルを高めていく部分は大きい。このとき、研修などで知識や情報を新たに得ることも力になるが、保育者同士で現場の問題を共有し、知恵を出し合うということを重ねることも非常に重要になる。

後者はたとえば、日々発生するさまざまな課題を職員会議やチーム会議などで議論の俎上に載せ、互いの経験や考えを交換するという形で行われる。たとえば、遊びの環境、食事の提供のしかた、午睡の行い方などについて、課題があれば、実際の保育の場面を振り返りながら話し合い、よりよい方法について知恵を出し合うことができる。大人の思い通りにならない子どもの動きがある場合も、なぜ子どもはそうしたがるのか、あるいはしたがらないのか、子どもの発達過程や気持ちを掘り下げて議論したりする。そんな積み重ねの中で、保育者としての視野や発想が豊かになり、スキルも高まる。

しかし、不適切保育が起こってしまう保育施設では、保育者がこのように育つ機会を得られていなかった可能性がある。研修受講や職員会議の持ち方などは、園の運営者・園長の考え方にも左右される。また、職員配置など保育体制にゆとりがないと、学びや振り返りのために時間を使うことが許されない場合もある。先に掲げた図2-1で、②の「保育者の資質」が、①の「園の保育観・理念」や③の「保育体制」に左右されると述べたのは、こういった構造を指摘している。

そんな園では、保育は「保育者任せ」になり、他のクラスの保育には口出しができないという空気に支配されて、保育が悪い方向に傾いていても抑止することができなくなってしまう。その結果、不適切な保育がエスカレートしてしまうことがある。

エスカレートする強者の行為

保育者も人間であり、言うことを聞かない子どもにイライラすることがあるのは自然なことだ。子どもが何をしても保育者はニコニコしていなければならないなどと言うとすれば、それはそれで奇妙な保育になってしまうだろう。乳幼児期の子どもは、相手の表情を見ながら声を聞きながら、自他の感情を認識したりコミュニケーションの取り方を学んだりしている。保育者が子どもから叩かれたとき「痛い!」と悲しい顔や怒った顔をするのは、むしろ必要なことかもしれない。

しかし、自分の思いどおりにならなくてかんしゃくを起こした二歳児に対して、保育者が怒りに任せて怒鳴ったり力を加えたりして黙らせようとするならば、それは専門職の対応とは言い難い。専門職としては、まだ発達途上にあり自己抑制がきかない子どもの心に寄り添い、自ら立ち直ることを援助するような対応が望まれる。そのとき必要とされるのは、その年齢の発達過程をふまえた専門的視点、前後の経緯から子どもの心情を推し量る観察力や判断力、その場の対応法を考えられる知恵や経験値などだ。また、そういった対応にかけられる時間や人手も必要になる。

これらのことが不足する場合、子どもを脅したり罰したりして言うことを聞かせるという安易かつ即効性のある方法に流れがちになる。そして、いつの間にかそこに強者と弱者の関係が定着してしまう。

小さな子どもたちは、圧倒的に弱く、保育者を頼りにしている。そんな関係性のもとでは、強者の支配的な姿勢がエスカレートしやすい。ときには、力で相手を圧倒することによるカタルシスが、その人らしからぬ暴力性(物理的・心理的)を助長することもある。家庭での児童虐待、学齢期のいじめ、大人のパワハラなどにも見られる関係の歪みであり、人としての弱さでもあると思う。

こうした負の傾向に陥らないためには、繰り返し述べているように、保育者としての資質を確かなものとすることはもちろん、子どもの人格を尊重するという大人たちの決意が必要だ。相手は小さいけれども一人の独立した人間であり、自分と対等な人格をもつ人であるという感覚、いわゆる人権感覚に基づく厳格な決意だ。

報道された事案の中には、エスカレートする行為を見ていながら周囲が口をはさめなかったという例もあったが、そのような園の風土や空気は修正されなければならない。保育を常に試行錯誤し互いに意見を言い合えるような風通しのよさは、保育者の資質を高めるものであると同時に、保育者の行為が悪い方向にエスカレートするのを抑止する防止装置になる。

保育の質を左右する「風通し」とは

保育の現場のあり方は、不適切保育の防止と深く関係している。

園の理念や方針があるといっても、さまざまな個性をもつ子どもや家庭と向き合うことになるので、その手法は柔軟に変化することが求められる。また、保育者の側も経験や技術、考え方などがそれぞれに違っているため、チームワークを機能させて保育の質を上げるためには、風通し、つまり職員間の「同僚性」が重要になる。「同僚性」とは、保育者同士が互いを尊重し、対話などを通して支え合い、高め合っていくような協働的な関係を指す。近年になって保育の研究者の間でしきりにその必要性が言われるようになっている。

たとえば、職員会議でもちょっとした打ち合わせでも、先輩・後輩の壁を越えて保育者同士がオープンに話ができる関係が望まれる。どんな保育、どんな子どもの姿を実現したいのかという保育の目標に関する議論から、日常的な保育の手法に関する悩みや、個別の子どもや家庭をどう支えればよいかという実践的な問題まで、忌憚（きたん）なく話し合える関係が理想とされる。

しかし、これも「言うは易し」で、人と人とのコミュニケーションはそうそううまくいくものではない。先輩・後輩の壁を越えてと言っても、「目上への礼儀」にうるさいのは日本人一般の特性とも言える。

それでも、園長や主任などがリーダーシップを発揮して、そこに空気を通わさなくてはならない。専門職として互いを尊重し、肩書きや年齢の壁を意識し過ぎないで話ができる関係や、多様な意見に耳を傾ける姿勢など、職員間のコミュニケーションを重視する方針を職員に伝え、自ら率先して行い伝播させていくようなリーダーシップが求められるだろう。

議論において、意見の対立は意見の対立であって、人と人との対立ではないという切り分け。そのぶつかり合いによって、よりよい結論を生み出せるかもしれないという一段高い目標設定。

こういった目標を共有し実現するためのコミュニケーションの取り方について、リーダーが職員全体に働きかけ、理解を広め、意識を高めていくことが必要になる。

職員間の関係がオープンで風通しのよいものになっていると、保育者の学びの機会は増え、前述のような逸脱を抑止する力が働きやすくなる。反対に、関係が閉鎖的で、クラスのことはクラス担任だけで決めていたり、互いの保育に口出しできない雰囲気があったりする現場は、現場での学びが得にくく、逸脱があった場合に抑止が働きにくいおそれがある。

保育体制はなぜ「苦しい」のか

ここまで、不適切保育の背景として、園の理念や子ども観、保育者の資質や保育体制、これらに関わる園のマネジメントなどについて述べてきた。保育体制とは、主に、時間とともに変化する子どもの人数に対して、何人の職員(保育士、その他の職員)で、どのようなローテーションで保育を行うかという体制を言う。保育室や園庭などの設備をどう使うかなども含めて考えなければならない。

言うまでもないが、保育者を手厚く配置し一人一人の業務量を軽減したほうが、子ども一人一人へのかかわりをていねいにできるし、保育を振り返って話し合ったり、研修などに参加して学んだりする時間がとりやすくなる。不適切保育を防止するために行うべき対策は多方面にわたると思うが、保育体制の拡充、つまり保育者の増員は間違いなく一定の効果を期待できる対策である。しかし、そのためには当然ながら、人件費の増額が必要だ。

ここで、保育という事業について、そもそもの話をしなければならない。

子どもの安全・安心が保障され、かつ、その発達が適切に援助されるように保育事業を行うためには、相応の費用がかかる。保護者が支払う保育料だけでは、十分な保育体制を整えることができない。そこで、家庭の経済状況にかかわらず、必要とする子どもが一定以上の質を備えた保育を利用できるようにするために、現行制度では、多額の公費が注ぎ込まれている。保育体制や施設設備などについて基準を設け、その基準を満たすための費用を施設に給付する形で制度がつくられている。

もう少し、詳しく説明してみよう。

認可保育所等の基準は都道府県等が定めることになっているが、人員配置基準や保育室面積に関する基準は「人権に関わる基準」だとして国が「従うべき基準」を示しており、自治体はそれと同等か上回る基準を規定する。配置基準・面積基準以外にもさまざまな基準があり、それらも自治体が参考にすべき「参酌基準」を国が示している。

その一方で、国は施設(園)が基準を満たす運営をするための費用の算定基準も決めていて、その基準に基づいた額の運営費が施設に給付される。基準に連動した運営費を給付することは、施設が基準を満たすインセンティブになり、また、基準を満たした運営を支えることにもつながっているというわけだ。

この運営費の財源は、国・自治体のお金と保護者の保育料だが、三歳児以上は幼児教育無償化で保護者負担がなくなり、三歳未満児については家庭の所得に応じた額の保育料(応能負担)を市町村が決めて徴収している。

いずれにしても、認可の保育の運営費は、保育の基準を根拠にして決められているので、原則、施設が保育者の配置を基準よりも多くしたからといって、その分の人件費が増額されるわけではない(自治体の独自基準、国の助成制度もあるが、それは後述)。

実際に給付された運営費をどのように運用するかは施設に任されている部分も大きいが、使えるお金の上限が決まっている。施設が保育者の配置を増やすための費用を捻出するには、他の経費を削ったり、場合によっては職員全体の給料を低めに抑えなくてはならないこともある。

限られた予算をどう割り当てるか、それぞれの施設や事業者の考え方次第だが、子どものために質の高い保育を行いたいのであれば、人件費をある程度確保する考え方が必要だ。運営費の配分をどう考えているかは、事業者の質を表す部分だと思う。

ただし、事業者が良心的であっても、保育の制度がお粗末では、保育の質の底上げは難しい。保育者を増員したい、よい人材を入れるために給料も上げたい、子どもの玩具も良質なものをそろえたい、園舎の傷みも修繕したいなど、事業者が子どものために頑張ろうとすればするほど、いろいろな必要性がせめぎ合うことになる。運営費算定の基準となる保育の基準が低いままでは、事業者の努力にも限界がある。

図２－２は、民間の事業者が保育を運営する場合の質確保の構造を表している。子どもが体験するのは、一番左側に現れる「施設の質」である。その質を左右するのが「事業者の質」ということになるが、国や自治体の制度そのものが低水準では、質の高い保育を提供しようとする事業者を支えることはできない。

保育士配置を改善してほしいという声は長年にわたって保育現場から上がっていた。二〇二三年、政府は「異次元の少子化対策」として「こども未来戦略」を掲げ、その中で保育士について「七五年ぶりの配置基準の改善」を行う方針を発表した。後述のとおり、二〇二四年四月より基準は改定されたが、保育士不足の現状をふまえ、当分の間、従来基準での運営も許容する経過措置が設けられている。

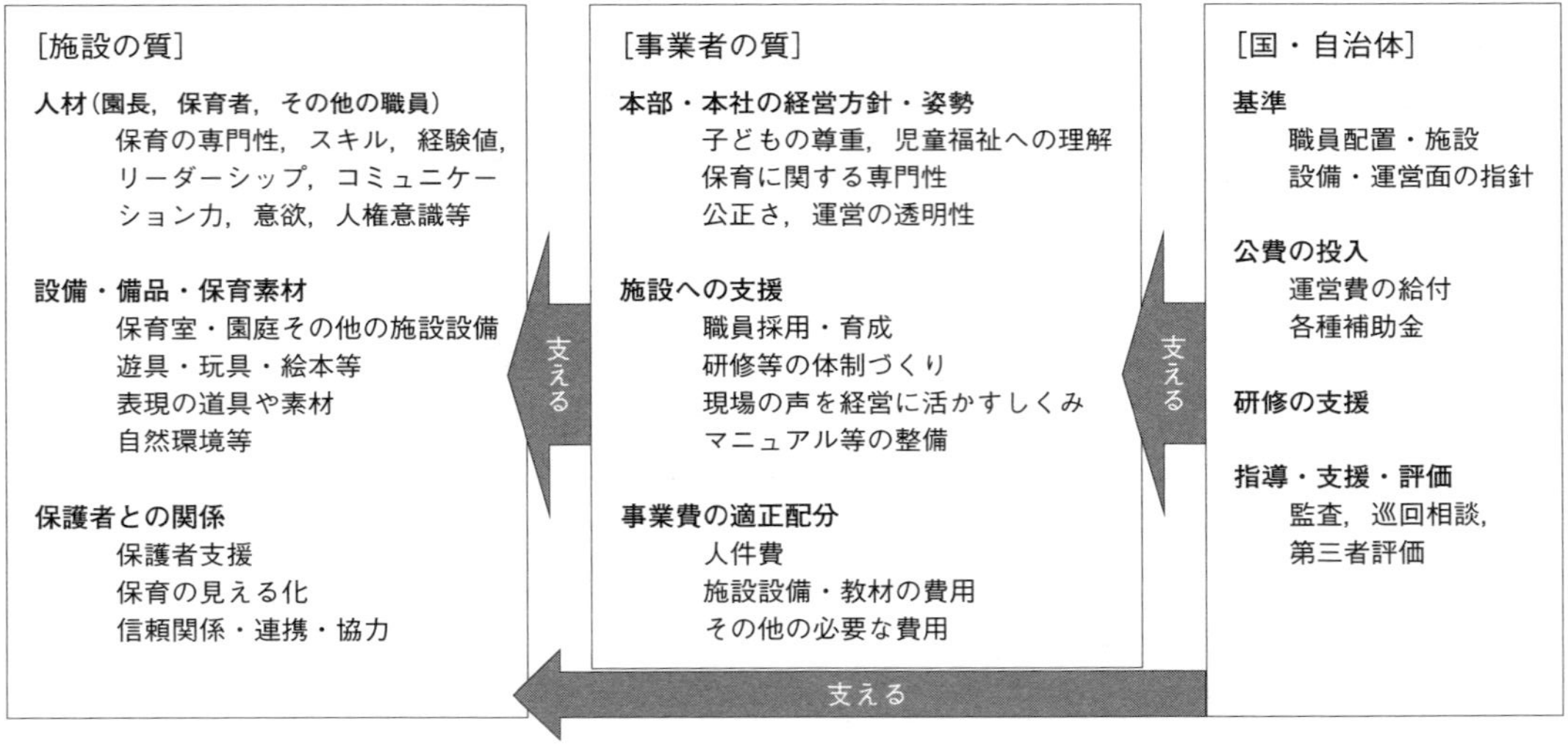

[施設の質]

人材(園長，保育者，その他の職員)
保育の専門性，スキル，経験値，リーダーシップ，コミュニケーション力，意欲，人権意識等

設備・備品・保育素材
保育室・園庭その他の施設設備
遊具・玩具・絵本等
表現の道具や素材
自然環境等

保護者との関係
保護者支援
保育の見える化
信頼関係・連携・協力

支える

[事業者の質]

本部・本社の経営方針・姿勢
子どもの尊重，児童福祉への理解
保育に関する専門性
公正さ，運営の透明性

施設への支援
職員採用・育成
研修等の体制づくり
現場の声を経営に活かすしくみ
マニュアル等の整備

事業費の適正配分
人件費
施設設備・教材の費用
その他の必要な費用

支える

[国・自治体]

基準
職員配置・施設
設備・運営面の指針

公費の投入
運営費の給付
各種補助金

研修の支援

指導・支援・評価
監査，巡回相談，第三者評価

支える

図2-2　保育の質を支える構造

かつて保育士は人気職業だったはずだが、なぜいま、保育士不足なのだろうか。ここに至った保育制度の構造的な問題については、次章で取り上げる。

保護者が子どもを守るために

不適切保育の問題を、施設を選択した保護者の自己責任にしてはならない。しかし、そういった保育に出遭ってしまわないために、あるいは出遭ってしまった場合に保護者はどうすればよいのかについて、ふれておきたい。

「不適切保育」から子どもを守るために保護者にできることとして、次の五点が考えられる。

① 園選びを子ども中心の目線で行う

保育施設を選ぶときは、なるべく見学などで園の様子を見るようにする。たとえば、保育者が子どもに接する様子、園長が保育について語る内容から、子どもを尊重する意識があるかはある程度感じ取れるだろう。保育を営む人たちの信頼性を、親の利便性や習い事などよりも重視して園を選んだほうがよい。

② 入園後、子どもの様子に注意を払い、保育者とコミュニケーションを深める

入園後は、送迎時の子どもの様子に異変がないか確認する。子どもが保育士におびえる様子があった場合は注意が必要だ。言葉が話せる子どもとは、日々の会話を大切にし、子どもの話に耳を傾けよう。ただし、保護者が保育者をネガティブに見る発言を繰り返すと、子どもを不安にしたり誤った認識に誘導してしまうこともある。また、子どもはまだ事実を正確に伝えられない場合も多いので、気になることは率直に担任に相談するなどして、信頼関係を基本にアプローチをしたほうがよい。

連絡ノートや送迎時の会話などでコミュニケーションをとり、保育参加や保護者懇談会などの行事にもできるだけ参加して保育者との信頼関係をつくることは、不適切保育の防止にもつながるはずだ。

③「不適切保育」を見聞きしてしまったら

疑いをもったという程度であれば、保育者に「こうするのはなぜなんですか？」と保育の意図を確認したほうがよい。その答えがおかしい場合や、明らかに不適切な行為を見聞きしてしまった場合は、園長や主任に相談したほうがよい。見聞きした問題行為や問題と思う理由を具体的に説明する、子どもが苦痛を感じている事実を伝えるなど、冷静に交渉する必要がある。「しつけです」と言われたり不誠実な対応しかない場合は、市区町村の担当課などに通報する。市区町村が頼りにならない場合は、都道府県の指導監査部門に連絡する。

④　保護者同士のつながりも大切に

保護者同士のつながりもつくっておきたい。父母会などの組織がない場合も、クラスごとにＳＮＳでつながるなどできるとよい。保護者同士で情報交換ができれば、実際に起こっていることを客観的に把握することができるし、園に伝える際も複数の証言があれば伝わりやすい。何も問題がない場合も、園と信頼関係を結び保育に協力する応援団として機能させたい。

⑤　保育の制度にも関心をもつ

ここまで見てきたように、「不適切保育」が発生したりエスカレートしたりする背景には、保育士に適格な人材が不足していたり、保育士の仕事の負担が重すぎたりする構造的な問題がある。改善するためには、保育士の待遇改善や配置増が不可欠で、そういった保育制度の問題に保護者が関心をもち、声を出していくことも、不適切保育の防止に役立つ。

カメラ導入の是非

不適切保育防止のために保育室等にカメラを設置する保育施設もあるが、監視カメラのように使うことには賛否がある。カメラがとらえるのは部分的であり、出来事の一部だけが切り取られてしまう場合も多いからだ。特に、保護者が施設内のライブ映像をいつでも見られるようにしていた保育施設では、カメラに映った一場面が誤解されるようなトラブルが相次ぎ、結局カメラを外したという話もあった。

たとえば、子ども同士のぶつかり合いも成長に必要な体験であること、この時期の子どもは一見わがままな自己主張を繰り返し試行錯誤しながら成長する存在であること、子どもの発達のペースは一人一人違ってよいことなどについて、保護者の側に理解がないと、無用な不安や不満、保護者同士のトラブルにつながってしまう場合もある。

子どものプライバシーの問題も考えなくてはならない。

ただし、映像を公開するのではなく、ドライブレコーダーのように記録として撮っておき、検証が必要な場合のみ見返せるようにするのであれば、メリットがあるかもしれない。

子どもが園での遊びや仲間とのかかわりを通して育つことを保障するためには、保護者が保育者を信頼し、その見守りのもとで子どもが泣いたり笑ったりさまざまな体験をすることを、育ちの場のあり方として認めてくれることが必要になる。保護者には、カメラで保育を監視しようとするのではなく、まずは保育者とコミュニケーションをとり信頼関係を深めることから始めることをお勧めしたい。

コラム5　子どもの権利委員会が示した「体罰禁止」の理念

一九八九年に国連で採択された子どもの権利条約（政府訳：児童の権利に関する条約）は、アメリカを除くすべての国・地域が批准しており、日本も一九九四年に批准した。条約は、子どもが命を守られ、差別や暴力、搾取などの人権侵害から守られ、それぞれの能力を十分に伸ばして成長することができるよう保障され、自分に影響を与える事柄について自由に意見を述べ、その意見が尊重されることを、子どもの権利として規定し、締約国にその実現を義務づけている。

子どもの権利実現には、時代とともに新しい課題が発生してくる。そういった課題に関して、条約の推進機関である国連・子どもの権利委員会は、「一般的意見」を発表し、条約を補足したり解説したりしている。

その中の一般的意見八号（二〇〇六年）は、「体罰その他の残虐なまたは品位を傷つける形態の罰から保護される子どもの権利」と題してまとめられた。

全体は、体罰の定義や考え方、防止対策等について長い文章が書かれているが、ここでは、不適切保育に関連して重要と思われる部分を一部取り出して紹介したい。なお、◆で始まる引用文は意図がわかりやすくなるように要約している。

◆子どもに対するあらゆる形態の体罰および残虐なまたは品位を傷つける形態の罰を禁止するのは締約国の義務。（パラグラフ2の要約）

［解説］暴力などの目に見える罰だけではなく、「品位を傷つける」ような罰についても禁止すべきとしている。品位とは、人が一人の人間としての尊厳を保つために必要な身体的・精神的な状態と言える。子どもにとって自らを大切なかけがえのない存在と感じられることは心の発達という側面からも重要だが、罰という形でむやみに品位を傷つけられないことも、子どもの権利である。

◆乳幼児の養育およびケアのためには、子どもを保護するための身体的な行動および介入が頻繁に必要とされることは認めるが、これは、何らかの苦痛、不快感または屈辱感を引き起こすために意図的かつ懲罰的に行われる有形力の行使とは、まったく別であることは明らか。（パラグラフ14の要約）

［解説］保育では、保育者が子どもの体にふれたり行動を制止したり指示したりする

ことはどうしても必要になる。しかし、そのような保育や保護のための行為と、意図的に罰するために子どもに苦痛や不快感、屈辱感などを覚えさせる行為とは、明確に区別できるはずだと述べている。この区別ができるためには、保育者が自身の心理や、自身の行為が子どもに及ぼす効果について自覚的でなければならないだろう。

◆子どもの発達しつつある能力と一致する方法で適当な指示および指導を行うことは認められるが、暴力的な、または他の残虐な、もしくは品位を傷つける形態のしつけが正当化される余地はない。（パラグラフ28の要約）

［解説］本章でも「しつけ」について論じたが、子どもに望まれる行動やルールなどを教えたいという場面でも、子どもの発達に応じた指示や指導が求められる。乳幼児であっても、その発達過程や気持ちを理解しながら誘導したり説明したりといった工夫を行うべきであり、「しつけ」という名の暴力や脅迫を用いることは認められないということだ。

◆子どもは、大人の言葉だけではなく大人の行動からも学ぶ。子どもが最も緊密な関係をもっている大人が、その子どもとの関係において暴力および屈辱を用いるとき、その大人は人権の軽視を実演するとともに、それが紛争を解決したり行動を変えたりするための正当な方法であるという、危険な教訓を与えている可能性がある。（パラグラフ46の要約）

［解説］保育者は日々の生活の中で自らの姿を通して子どもたちに教育を行っている。「子どもが最も緊密な関係をもっている大人」とは、保護者や保育者のことだ。その大人が問題の解決のために暴力や屈辱を用いれば、子どもはその姿から学ぶ。相手と問題が起こったときの解決方法として、暴力や屈辱を用いることが有効で正当な方法であると学んでしまう。人権の軽視を実演し、危険な教訓を与えてしまうと警告している。

最後のパラグラフは、子どもの権利条約全体の理念を表している。

子どもの権利条約は、子どもを権利主体としてとらえ、その権利を保障するように各国に求めた。同時に、子どもたち一人一人が人格を尊重されることによって、他者を尊重し対話ができる自立した市民に育つことができると考え、それが未来の平和で民主的な世界の実現につながると期待している。このような理念は、条約全体の記述からうかがうことができる。

（本コラムは、「ARC　平野裕二の子どもの権利・国際情報サイト」の翻訳をもとに構成）

第3章　子どもを見失った少子化対策
——子どもの権利の視点から検証する

一・五七ショック

前章で保育の質を上げるための課題が長らく改善されないままとなっている現状についてふれたが、ここまでの保育政策の変遷を見てきた立場から、その経過に少し詳しくふれておきたいと思う。

この国では、この三〇年余り、保育政策は子どもを主体としたものではなく、もっぱら少子化対策として考えられてきた。すなわち、少子高齢化による社会保障制度の破綻などへの危機感が高まる中で、出生率回復が国としての悲願となり、保育はそのための重要施策として扱われてきたのだ。その歪みが現在の問題を複雑にしている。

日本では、一九九〇年代から少子化対策が重要な国策として掲げられ、歴代の内閣は、数々の「プラン」を発表してきた。私は、子育て当事者としてその経過を見てきたが、それらは子どものために行われているようには見えなかった。保育政策においては、むしろ、子どもの利益を損なうような局面も少なからずあった。

少子化が明確に社会問題としてクローズアップされる契機となったのが、一九九〇年の「一・五七ショック」だった。前年の一九八九年の合計特殊出生率が一・五七となり、それまで最低とされてきた一九六六年の「ひのえうま」の年の一・五八を下回ったことが発表され、メディアも大きく報道した。「ひのえうま」は干支のひとつで、この年に産まれた女性は気性が激しいという俗信があり、そのための産み控えだった。当時の女性観を象徴する特異な現象だが、それを下回るところまで出生率が割り込んだことは、日本社会に大きな衝撃を与えた。

急激な少子化が社会に与えるデメリットについて、経済活動の低迷、労働力の不足などが言われたが、最も明確に懸念されたのは、人口構造が偏ることによる社会保障制度の破綻である。税や社会保険料を納める生産年齢人口(一五～六四歳)の比率が小さくなり、相対的に老年人口(六五歳以上)が大きくなれば、年金制度や医療制度を支えきれなくなる。このリスクを回避するために、一・五七ショック以降、国は思い切った少子化対策へと舵を切った。

女性が働き続けられる社会へ

そもそも、なぜ保育政策が少子化対策として有効と考えられたのだろうか。そこには、単に「子育て支援になるから」という以上の計算がある。

かつては、女性が外で働いて収入を得られるようになると、子育てよりも就労を選ぶようになり出生率が低下するという見方が強かった。しかし、先進国のデータを追ううちに、女性が

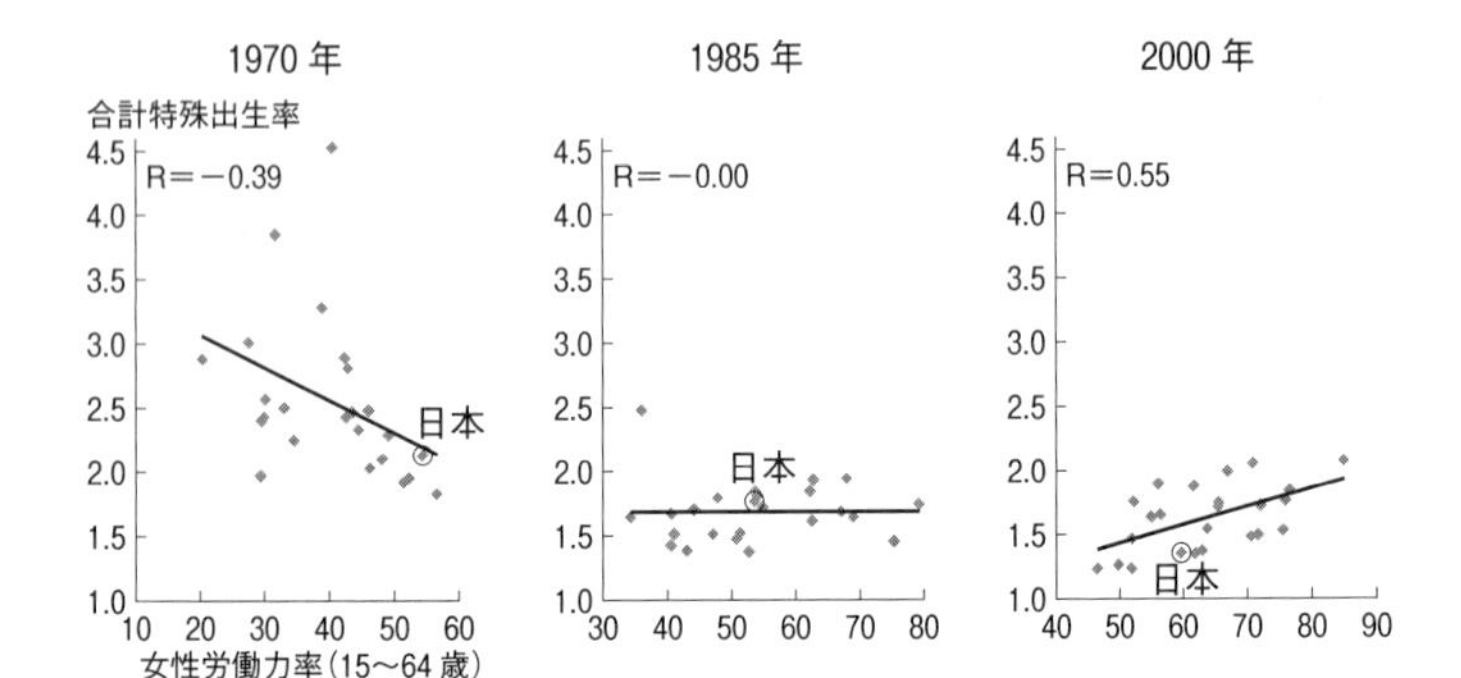

資料：Recent Demographic Developments in Europe 2004, 日本：人口動態統計, オーストラリア：Births, No. 3301, カナダ：Statistics Canada, 韓国：Annual report on the Vital Statistics, ニュージーランド：Demographic trends, 米国：National Vital Statistics Report, ILO Year Book of Labour Statistics より作成
出所：内閣府男女共同参画局・少子化と男女共同参画に関する専門調査会「少子化と男女共同参画に関する社会環境の国際比較報告書」(2005年9月)より作成

図3−1　OECD加盟24カ国における女性労働力率と合計特殊出生率（1970，85，2000年）

働き続けるための環境を整えることによって、女性労働力率と合計特殊出生率を正の関係、つまり女性が働き続けることができ、かつ出生率が上がる社会が実現できるという見通しが持たれるようになっていった。

図3−1は内閣府の「少子化と男女共同参画に関する専門調査会」が二〇〇五年九月に発表した報告書に掲載されているものである。OECD（経済協力開発機構）各国の女性労働力率と合計特殊出生率の相関関係を調べている。一九七〇年には両者に負の相関関係が見られたが、一九八五年には明確な傾向が見られなくなり、二〇〇〇年には

正の相関関係が見られるようになった。

この報告書では、この二〇年間(一九八五年から二〇〇五年)に女性労働力率を上昇させながら出生率を回復させた国の社会環境は、男性も含めた働き方の見直しや保育所整備等の両立支援、固定的性別役割分担意識の解消や男性の家事・育児参加、雇用機会の均等などが進んでいるという特徴があることを指摘している。こういった見方はおそらく行政関係者の間で一九九〇年代から持たれていて、少子化対策の方向性を決定づけたと考えられる。

一方、男女平等へと向かう世界的潮流の中で、日本は国内の根強い性別役割分担意識を改めていく必要性にも迫られていた。一九七九年に国連で採択された女性差別撤廃条約に日本も批准し(一九八五年)、対応する国内法として男女雇用機会均等法を整備した。一九九九年には、男女共同参画基本法が施行されている。

少子化対策が待ったなしになった日本は、女性が子どもを産んでも働き続けることができる両立支援に活路を見出す。保育を整備して共働きでの子育てを支援することは、少子化対策として複数の効果が期待できる。子どもを育てるにはお金がかかるので、共働きで家計が安定すれば子どもを産みやすい。しかも、女性が働いて税や社会保険料を負担すれば、社会保障制度も支えられる。もちろん、男女共同参画という大義名分にも資する。

両立支援のための保育制度改革

大義名分と書いたのは、一九九〇年代、まさに当事者だった私からすると、社会を動かしている男性たちが、男女共同参画ということを本気で考えているようには見えなかったからだ。

私は、一九八七年に第一子を出産し、まだ法定とはなっていなかった民間企業での育児休業を取得した。当時は、経済的に困窮しているわけでもないのに「子どもを預けて働く」というと、たいてい驚かれた。「三歳までは母親が育てるべき」という「三歳児神話」は根強く、「保育園を考える親の会」の母親たちは、周囲から「保育園に預けるなんて子どもがかわいそう」と当たり前のように言われ、職場では迷惑がられ、場合によっては家族からも非難され、四面楚歌といってもよい状態だった。「親の会」には、そんな苦しみをかかえた母親たちが集まった。「母親」とあえて書くのは、当時、これらのことはすべて「母親の問題」として語られていて、「父親」が当事者になることはほとんどなかったためだ。

現実に、会社員の母親が出産後も仕事を続けようとすると、労働制度と保育制度の間に空いた大きな隙間に頭をかかえることになった。

たとえば、私のケース。第一子は一月生まれで、家の近くには生後八カ月から受け入れる公立保育園と、一歳から受け入れる私立保育園(認可)があった。勤務先が法律に先駆けて育児休業制度をつくってくれたので、私は子どもが生後八カ月になる九月までの育児休業を申請した。しかし、調べてみると年度途中の入園はほぼ無理だった。しかも、ゼロ歳児のうちは保育時間が八時間までという決まりがあり、勤務時間を短縮しても通勤に一時間かかっていてはお迎えに間に合わないこともわかった。定時勤務が九時〜五時という、ごく一般的な、いや恵まれた会社に勤めていても、認可保育園のシステムは、会社員の生活実態とはかけ離れていたのだ。結局、私は保育ママ(コラム6参照)に助けられて何とか職場に復帰できたが、「親の会」ではみんながそうした綱渡りの経験をしており、保育園入園・職場復帰を成し遂げた「親の会」会員はおそらく少数の成功者だった。

そんな状況ながら、国策に促されて、社会は共働き一般化へと徐々に変化していく。一九九二年に施行された育児休業法により企業に育児休業制度が普及すると、今度は保育園の待機児童問題が深刻になっていった。当時の育児休業制度には延長制度がなく、子どもの一歳の誕生日の前日までに必ず職場に復帰しなければならないのだが、認可保育園のゼロ歳児保育の枠は少なく、会社員の母親たちはまず認可外や保育ママを頼ってゼロ歳のうちに復帰し、一歳の四月に認可入園をめざすというのが通常コースだった(待機児童が発生している地域では、進級・卒園で園児が入れ替わる四月が最も入園しやすい月だった)。

一九九四年には文部、厚生、労働、建設省の四大臣合意の「エンゼルプラン」が策定され、認可保育園の量的拡大や、ゼロ歳児保育、延長保育など多様な保育サービスの充実が促されることになった。

一九九七年、保育政策を転換する児童福祉法の改正が行われた。改正に伴い、それまで特別な補助金事業だったゼロ歳児保育が、認可保育園の通常メニューとして規定された。地域によって違っていた開所時間も一一時間までは通常開所すべきことが示され、延長保育の普及促進策も打たれた。

コラム6　保育ママ

保育ママ制度は、保育者(個人事業主)が自宅で保育をするもの。東京都では、一九六〇年から基準を満たす保育ママを「家庭福祉員」に認定して補助金を出す制度が行われてきた。二〇一五年から実施された子ども・子育て支援新制度では、「家庭的保育事業」という名前で国の制度がつくられ、多くが国の制度に移行している。

「利用者ニーズ」という印籠

一九九〇年代を通しての保育政策の大転換により、それまで母親たちの就労継続に立ちはだかっていた壁は少しずつ低くなっていった。

ゼロ歳児の受け入れ月齢が下がり、産休明けから預かる認可保育園も増えていった。児童福祉法改正以前は六時までで閉まっていた東京都内の認可保育園が、六時一五分もしくは六時三〇分まで開くようになり、それまで走ってお迎えに行っていた親たちも普通に歩いて行けるようになった。さらに、延長保育が普及すると、それまで認可外やベビーシッター等による二重保育に頼らざるをえなかった人たちが救済された。

以前には認可保育園を利用するのは、母親が自営業者（補助的従事者）や教員、看護師、公務員などである家庭が多かったが、会社員の利用が一気に増えていった。保育園も保育制度も、会社員の生活スタイルに合うように変化していかねばならなかった。

一九九七年の児童福祉法改正の際、厚生省児童家庭局長は全国児童福祉主管課長会議で自治体担当者にこんなふうに挨拶している。

「私ども保育供給主体側において、各利用者の切実な保育需要に対応しうるよう、絶えず最善の努力を払ってきたかということも考える必要がある。〔中略〕今回の改正はこうした反省と少子社会の将来展望に立って、利用者が利用しやすい保育所づくり、各保育所が創意工夫しやすい保育所制度づくりに変わっていくことを最大の目的としたものである」

確かにそれまで、保育制度を運営する自治体には保育の利用を一般化することへの抵抗が見られた。保育園運営には費用がかかるということもあるが、「保育園は、困窮家庭がやむをえず利用するもので、一般家庭にまで積極的に利用を広げるべきではない。母親はなるべく三歳までは家庭で子どもを見るべきで、三歳を過ぎても母親はパートなどで働き、労働時間を短く抑えるべきだ」。そんなふうに考えている自治体首長や議員、行政関係者が多かったはずだ。少子化対策を急ぐ国は、そんな自治体行政に揺さぶりをかける必要があった。

一九九八年発行の「厚生白書(平成一〇年度版)」は、記事の中で「三歳児神話には少なくとも合理的な根拠は認められない」と記述した。この記述は、「三歳児神話」に苦しめられてきた母親たちを大いに励ました。私も励まされた一人だった。

しかし、こうした保育制度改革は、どこまでも親の就労を助けるための改革だった。「利用者ニーズ」という言葉が持ち上げられ、自治体や保育園はもっと「利用者ニーズ」に応えて努

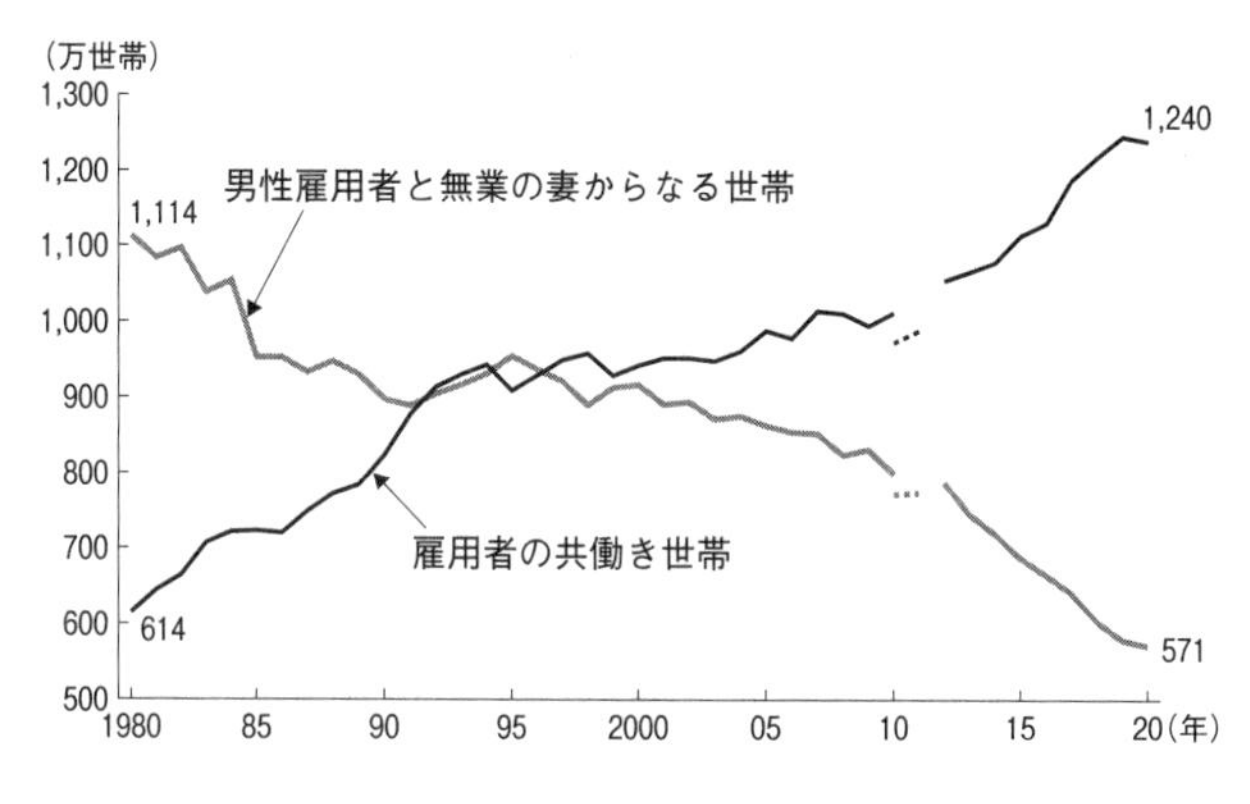

出所：厚生労働省「厚生労働白書(令和3年版)新型コロナウイルス感染症と社会保障」(2021年7月)より作成

図3－2　共働き等世帯数の年次推移

力をせよという檄（げき）が飛んでいたが、それは常に親のニーズ、場合によっては親を雇用する勤務先のニーズであり、子どもにふれられることはほとんどなかった。

共働き一般化へ

二〇〇〇年代に入ると、雇用者世帯における共働き世帯と専業主婦世帯の比率が逆転した(図3－2)。国が予言したとおり、共働き一般化へと人々の暮らしは大きく変化していった。

当然、保育ニーズは急増する。児童福祉法改正直後から、保育の量的拡大を助けるため、認可保育園に関する基準が次々に緩和されていった。

待機児童問題への対策としては、まず「定員超過受け入れ」が行われた。「定員超過受け入れ」とは、面積基準を下回らない範囲で定員を超過して子どもを受け入れてよいという国による規制緩和だ(面積基準は非常に低いので、通常は面積基準よりも広い面積を子どもに提供できるように定員設定がされていた)。最初は、年度後半に限って認められ、その後、年度当初からの超過も認められるようになった。

こうした受け皿の拡大のために、それまではすべて常勤であることが求められていた保育士配置に二割までパート保育士の導入が認められ、これもすぐに「各クラスに常勤が一名いればよい」とさらに緩和された。

株式会社やNPOの認可保育園への参入が認められると、その参入を助けるために、雑居ビルや空き店舗などの賃貸施設での設置が可とされた。園庭に関しては従来の基準でも必須ではなかったが、ほとんどの認可保育園が園庭を備えていた。国は新設しやすくするため、改めて「園庭は近くの公園を代替してもよい」ことを通知した。これを受けて、新規参入事業者の多くが、雑居ビルなどに認可保育園を設置する流れとなっていく。

折しも、構造改革の名のもとあらゆる分野の規制緩和や民営化が推し進められていた。「共働き一般化」に向かおうとする社会の変化と相まって、大きな変革の波が保育の世界に押し寄せていた。

無頓着な「詰め込み保育」はいまも続く

「定員超過受け入れ」は、手っ取り早い待機児童対策として、一気に広まった。新しい施設をつくらなくても受け入れ児童を二五パーセントは増やすことができるため、自治体は保育園に定員超過での受け入れを求めた。園としては、多く預かればその分の保育士の人件費は公費から支給されるので経営的には悪い話ではなかったかもしれないが、子どもにとっての環境を重視する園では、面積基準ギリギリでは狭すぎたり、集団の規模が大きくなりすぎたりして子どもが落ち着かないなど、子どもにとっての環境が悪化するというジレンマをかかえて悩んでいた。

面積基準に関しては、以前から「狭すぎる」と言われていたが、保育が足りない局面では、それを改善しようという流れにはならない。それどころか、二〇〇九年一〇月の地方分権改革推進委員会第三次勧告は、保育室面積や保育士の人員などについての最低限度を定めた国の基準を廃止し地方に委ねることを検討するように勧告した。自治体が国の規制に縛られず、それぞれの実情に合わせた保育政策をしたいということだ。それはつまり、待機児童数が多い自治体は、現行面積基準を超えて子どもを受け入れられるようにするということにほかならない。

これには、多くの保育関係団体や親たちが反対した。「保育園を考える親の会」も反対の意見表明をした。子どものことがわからない人々が、行政効率だけを考えて、子どもの安全や健やかな育ちのための環境を損なおうとしているという危機感が広がった。最終的に二〇一一年の地方分権改革一括法は、保育に関する基準を都道府県が条例で定めることを認めつつも、保育室面積や保育士配置などの人権に関わる基準については「(国の基準に)従うべき基準」として区別し、国の基準がなんとか維持されることになった。しかし、その附則四条で、待機児童が多い地域で一定の条件を満たす市町村においては時限的に基準を下げることを容認しており、この「面積基準緩和特例措置」はいまでも継続している(何回も延長され、二〇二五年三月三一日が次の期限)。

この間、保育室面積について、根拠のある数値を求めようとする研究もあった。二〇〇九年三月、諸外国の制度や国内の認可保育園の保育室の状況を調査した「機能面に着目した保育所の環境・空間に係る研究事業」(全国社会福祉協議会)の報告書が発表された。この調査では、建築の専門家の指導のもと、子どもの遊び、食事、午睡など一日の活動に密着する視察調査を行った。保育の場面ごとに子ども・保育士の動作空間、家具などを使用するために必要な空間の状況などを計測した。この実測値から、建築設計実務で利用されるデータに基づき、必要面積を算出した。その結果、子ども一人当たりに最低必要な面積は、二歳未満児四・一一平方メートル、二歳以上児二・四三平方メートルとなった。なお、ここにはほふく（ハイハイ）や遊びに必要な面積は含まれていない（図３－３）。これを現行基準と比較すると、表３－１のようになる。

折しも、地方分権一括法の緩和が検討されていた時期（二〇一〇年）、国の基準を〇・一歳児一人当たり二・六平方メートルと誤って解釈していた愛知県の認可保育所で、子どもが過密になって「芋の子を洗うような状態」（施設長談）になり、ごった返す中で保育士の見守りが行き届かず、満一歳の子どもがおやつを喉につまらせ窒息死する事故が起こっている。

地方分権一括法附則四条の緩和を導入した東京都は、認証保育所制度（東京都の基準を満たす認可外保育施設を助成する東京都独自の制度）は〇・一歳児一人当たり二・五平方メートルという基準で支障なく運営されていると説明した。しかし、「保育園を考える親の会」が二〇一六年に会員に「見学して預けたくないと感じた施設」があったかどうか聞いたアンケートでは、七割が「感じた」と答え、その理由として最も多かったのが「狭い・きゅうくつ」（二五・四パーセント）で、その半数以上が認証保育所の見学者だった。当時、認可外施設を見学した人が、「赤ちゃんがびっしりいてびっくりした」などと話すことは少なくなかった。待機児童が多い状況下では、基準が低い認可外はどうしても「詰め込み」になりがちで、中には親が見て異常を感じ

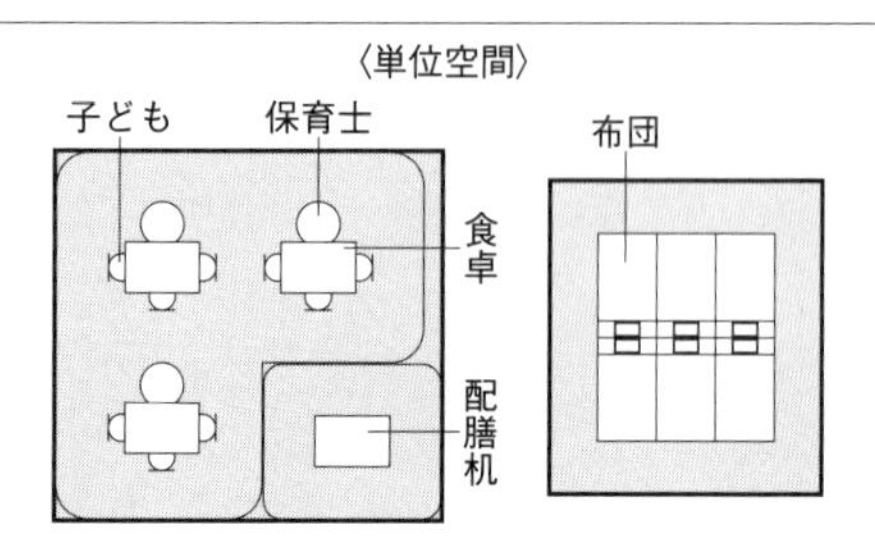

「機能面に着目した保育所の環境・空間に係る研究事業」では，観察調査等により，子どもや保育士が無理なく動くために必要とする「動作空間」(必要な家具や道具を置くための空間も含む)を算出し，特定の生活や遊びの場面で必要となる「単位空間」(「動作空間」の複合もしくは単独で構成される)を明らかにし，そこから1人当たりの最低必要面積を算出した．

出所：全国社会福祉協議会「機能面に着目した保育所の環境・空間に係る研究事業　研究結果の概要」(2009年3月)より作成

図3－3　建築学的な見地からの面積計算

表3－1　上記研究事業による最低必要面積と現行基準

	2歳未満	2歳以上
算出された必要最低面積	4.11 m^2	2.43 m^2
国基準	3.3 m^2 ＊1	1.98 m^2
東京都の緩和基準＊2	2.5 m^2	1.98 m^2

＊1：ゼロ歳児の面積基準は，1997年以前は5 m^2 だった．現行の国基準「児童福祉施設の設備及び運営に関する基準」は「乳児室1.65 m^2 またはほふく室3.3 m^2」と記しているが，厚生労働省の通知によってハイハイ(ほふく)などで動き回れる子どもには3.3 m^2 を確保するように求めており，実質的には3.3 m^2 が最低基準であると解釈されている．

＊2：地方分権一括法案附則4条により東京都が時限的に緩和している基準．都内で待機児童数など一定の条件を満たす市町村では，この面積まで切り下げてもよいことになっている．

る状態のところもあったということだ。

不適切保育は食事の時間にも起こりやすい。それは、前にもふれたように、園や保育者が「完食」「好き嫌いをなくす」などの方針にこだわりすぎているケースが多いが、食事時間の慌ただしさが関係している場合もあるだろう。クラスの保育室で食事も午睡も行う園は多いが、部屋が狭い場合、食事の片付けをしないと午睡の布団が敷けない。食事をとるのが遅い子どもがいると、全体のスケジュールが遅れてしまうので、そういった子どもに厳しくなってしまう保育士もいる。施設面積にゆとりがある園では、食事室もしくは午睡室をクラスの部屋とは別に設けて、この問題を乗り越えている。

事故が起こらなければ詰め込んでもよいという考え方では、あまりにも貧しすぎる。私は、雨の日に訪れたある園で、子どもたちがそれぞれの遊びをするスペースがなく、時間を持て余して保育士にまとわりついている姿を見たとき、これでは保育所保育指針の求める保育はできないと感じた。保育所保育指針では、子ども一人一人が好きな遊びをする中で、心身の機能を自ら用いることによってその発達が促されることを繰り返し説いている。前述の「機能面に着目した保育所の環境・空間に係る研究事業」が示した推奨値に、遊びに必要な面積を加えたらもっと広い面積になるはずだ。

子どもたちが遊びに集中できる環境があれば、保育士の負担も軽減される。しかし、待機児童問題が深刻になる中で、そんな現場の状況が理解されない時代が続いてきた。

都心の園庭は「ぜいたく品」か?

そもそも二歳以上の保育室面積基準一人当たり一・九八平方メートルは、二歳未満児よりもさらに狭い。その代わり園庭(屋外遊技場)を一人当たり三・三平方メートル確保しなければならないことになっている。基準設定当時は、幼児は外遊びをする時間が長いから園庭を確保できれば室内は狭くてもよいと考えられたのだろう。しかし、おそらくその頃と比べて保育時間は長くなり、室内で過ごす時間が多くなっているはずだ。子ども一人当たり一畳強の広さというのは、どう考えても狭い。そのスペースに保育士もいるし、家具や道具も置かれる。しかも、保育室の狭さを補うはずの園庭が、待機児童対策のために削られている。

二〇〇一年に国が、屋外遊技場(園庭)は近くの公園等で代替してもよいという通知を出してから、雑居ビルや空き店舗に設けられた、自前の園庭をもたない認可保育園が都市部で急増することになった。このことも保育士の負担を大きくしている。

保育室が手狭な施設では、園庭が救いになる。晴れていれば、いつでも園庭を使って子どもたちに外遊びをさせることができるからだ。幼児にとって外遊びが重要であることは言うまでもない。思いっきり身体を動かして基礎的な運動神経を発達させる時期であり、また自然を五感で感じたり、土や動植物にふれたりする体験は、認知面・情緒面の育ちを促す。

もちろん、園庭がなくても近くに公園があれば、そこに散歩に出かけることができる。園庭がある園でも、違う環境を求めて、地域のあちこちの公園に散歩に出かけている園もある。ただし、外の公園等に出かけるためには、安全のため保育者が多めにつく必要がある。クラスの中に体調が悪く散歩に行けない子どもがいれば、残る保育者も必要となるため、散歩を断念しなければならないこともある。

園庭があるかないかで、保育のやり方も違ってくる。いつでも安全に戸外遊びができる園庭があれば、子どもたちの状態や希望に合わせて臨機応変な保育ができる。古タイヤなど大掛かりな遊びの素材を持ち込んでダイナミックな遊びの環境を提供している園もある。何よりも自前の衛生的な砂場が持てることの教育的な意味は大きい。

保育室の窓から園庭が見えることは、室内の子どもたちの視野も広げる。園庭で跳ね回る上のクラスの子どもたちを、小さな子どもたちは興味津々で眺めていたりする。園庭は室内の閉塞感を減らしてくれる。こういったことすべてが、保育士の負担を軽減し、また、保育のやり

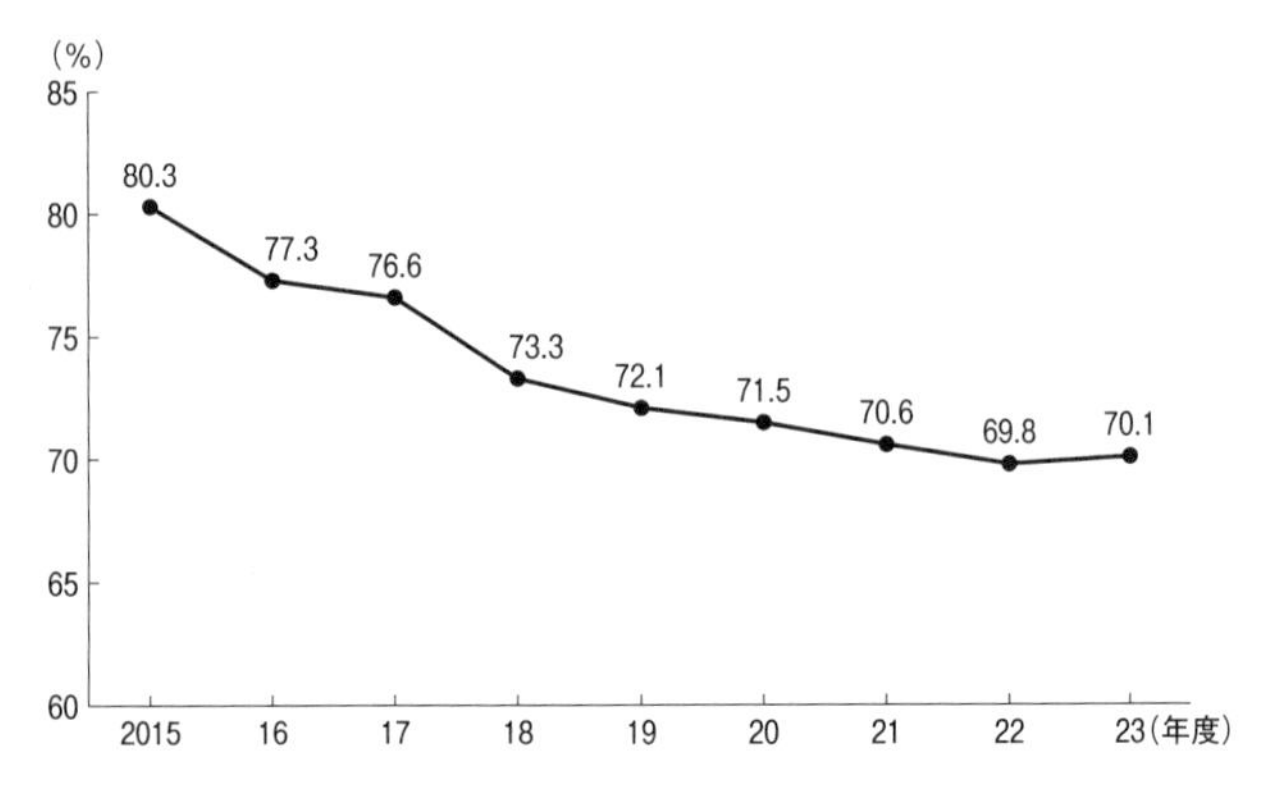

出所：保育園を考える親の会「100都市保育力充実度チェック」(2023年度版)より

図3－4　認可保育園の園庭保有率(都市部100市区)

がい、工夫する楽しみを増やすことにもつながる。ちなみに、幼稚園は園庭がなければ認可されない。

「保育園を考える親の会」では、首都圏の都心通勤圏の市区や政令市など一〇〇市区を対象に「一〇〇都市保育力充実度チェック」という年次調査を行っているが、この七年間で認可保育園の園庭保有率は著しく低下している(図3－4)。特に、千代田区、中央区、港区、文京区などの都心区は、認可保育園のうち基準を満たす園庭をもつ園は二割以下、二三区の平均も四割を切っている。

これらの自治体では、雑居ビルや空き店舗に入る認可保育園を増やすことで、保育ニーズの急増に対応してきた。いま保育ニーズの増加が頭打ちになり、待機児童数ゼロを宣言する市区が多くなっているが、園庭が少ない地域では、今後も園庭保有率が大幅に改善することはないだろう。園庭は「ぜいたく品」になってしまったのだ。一度劣化してしまった環境を戻すことは難しい。

地価が高い地域で園庭をつくれというのは無理ということが、当たり前のように言われてきた。しかし、それは土地利用に関する価値観の問題ではないだろうか。都心部でも、大規模な商業施設や地域の顔となるような公共スペースは、広々と快適につくられている。そんな大人のための建物群から少し離れた雑居ビルの中に、子どもたちがひしめき合って暮らす保育施設がある。これが、日本という国が子どもに対してとってきた姿勢だ。

地価が高い地域であっても、目先の費用対効果を度外視してでも、子どもが育つ環境を大人が保障しなければならないのではないだろうか。費用対効果は、そこで子どもが健やかに育つことで未来の時代に満たされる。市場原理に任せていてはこの調整は不可能だ。子ども自身はお金を払えない。通常の市場原理に基づく経営感覚では、保護者の利便性で付加価値をつけることは考えても、子どもの快適さや発達ニーズに応えることは二の次になる。基準を設け、公益性のために公費を支出する行政による調整がなければ、子どもの育つ権利の保障は難しい。

週六六時間を週四〇時間労働の保育士が支える

フルタイムの会社員の働き方に合わせると、保育時間はどうしても長くなる。

週五日八時間労働の会社でも一時間の休憩をはさんで九時間拘束という場合は少なくない。首都圏では、通勤に一時間かかるのは普通なので、会社員の平均的な利用時間は残業しなくても一〇時間から一一時間程度になる。

一九九七年の児童福祉法改正時に認可保育園の一日一一時間開所が明示されたが、二〇一五年の子ども・子育て支援法でも、改めて一日一一時間・週六日を標準開所とすることが規定された。

一一時間の取り方は園によって異なる。七〜一八時に設定する園もあれば、七時一五分〜一八時一五分、七時三〇分〜一八時三〇分に設定する園もある。勤務時間プラス通勤時間が園の設定した標準時間帯におさまらない家庭や、残業がある家庭は延長保育を利用している。かつては、残業のために延長保育を利用することを制限する意見もあったが、保育園が会社員仕様になるにつれ、そんな声も小さくなっていった。

ところで、一日一一時間・週六日、つまり週六六時間の開所時間について、一日八時間・週四〇時間労働の保育士がどうやってカバーするのかという議論があった。園は常に基準を満たす保育士配置をする必要があるが、人件費は子どもの在籍人数から算出される保育士の分しか給付されない。この疑問に対して、国は「朝夕は児童数が少ないはずなので、保育士のローテーションでカバーできる」という考え方を示した。

しかし、たとえば、二歳児一八人のクラスで、基準上の保育士配置が三人である場合(二歳児の配置基準は六対一)、図3－5のようなイメージのローテーションを組んでも、朝夕それぞれ一・五時間は保育士が一人になり、見られる子どもの数は六人になってしまう。朝夕の利用がそこまで少なくない場合、このようなローテーションでは成り立たない。特に夕方は延長保育利用者もいるので、標準開所時間終了間際まで子どもの数が減らない園も多い。会社員が多い地域では平日の利用時間が長いが、土曜の利用が少ないので、土曜勤務者を減らしてのローテーションでなんとかギリギリ回るという状況だ。各園は補助のパート保育士を入れたり、クラスをまとめて実施する合同保育を取り入れたりして、利用状況に合わせたローテーションを工夫して

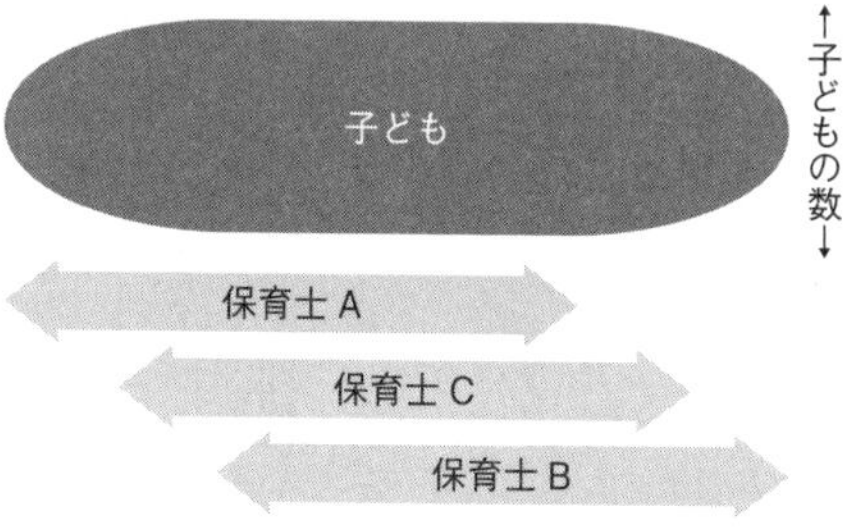

↑子どもの数↓
子ども
保育士A
保育士C
保育士B

図3－5　保育士のローテーションのイメージ

いるが、公費から出る人件費は決まっているので、基準以上の保育士を雇えば一人当たりの給料が下がることにもつながる。

そもそも保育士の仕事は、子どもの保育だけではない。記録を書いたり、保育の計画を立てたり、保護者と連絡し合ったりなど、子どもから目と手を離さないとできない仕事も多い。また、第2章で書いたように、職員会議やチーム会議などで、保育の振り返りを行ったり、職員同士がコミュニケーションをとったりすることが非常に重要になっており、それが保育の質を左右することがわかってきた。そういった時間も、前述の計算には含まれていない。

国はこれらの実情を理解し、現在では「標準時間対応延長保育基本分給付化」として常勤保育士一人分、非常勤保育士三時間分を人件費に加算しているが、〇歳から五歳までの六クラスの一一時間開所を賄うには足りていない。

こんな状況にもかかわらず、二〇一九年には、子ども・子育て支援新制度施行後五年の見直しの論点として、土曜日の利用が少ない場合の人件費の減額を示唆する意見が財政制度等審議会から出され、保育業界を震撼させた。これに対して、全国私立保育連盟では、そもそも一一時間開所・週六日開所分の人件費が保障されていないことや、その結果、保育現場の週四〇時間労働・完全週休二日の実現は遠いものとなっており、そのことが保育士不足に拍車をかけている実情を挙げて、まずは公定価格の適正化が先行しなければならないと訴えた。

　この減額検討は見送られたが、行政効率を求める視点からは、子どもが育つ現場がどのように支えられているのかが見えておらず、今後も子どもの環境を脅かす「改革」が提言される可能性がある。

気がつけば「長時間保育大国」

　認可保育園の保育時間が伸びたことで、親たちがどんなに助かったかはすでに書いた。親たちは「会社員の実情に保育園がやっと追いついて普通になった」と感じた。しかし、ふと先進諸国の保育に目をやると、どうも日本ほど長時間保育が普及している国はないらしいということに気がつく。特に、都市部で実施率が九割を超える延長保育の普及状況は、海外の研究者などに驚かれることも多い。

　海外の最近のデータや報告を調べると、北欧は特に保育時間が短く、一七時、一八時には閉園する例が多い。スウェーデンでは七時から一七時三〇分が平均的な開所時間で、ストックホルムには一八時三〇分までの園もあるが、残業する習慣がないので長時間の利用はほとんどないという。ノルウェーでは一七時閉園で一五時三〇分にお迎えのピークがある地域の報告もあ

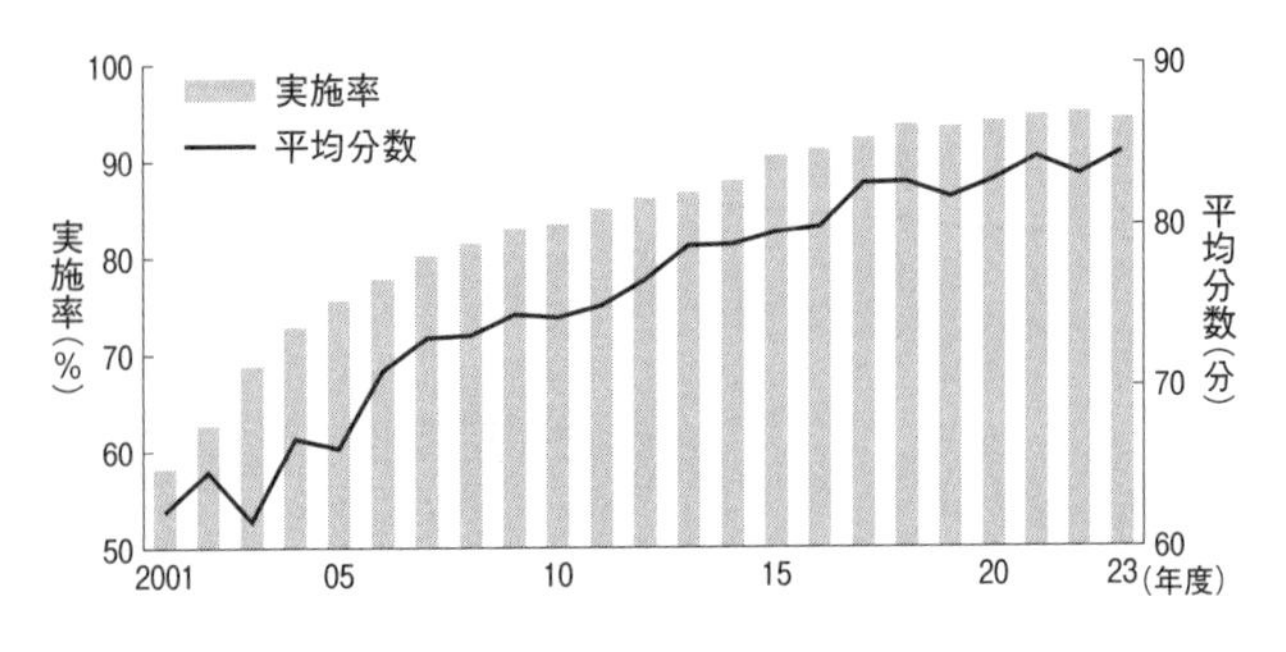

出所：保育園を考える親の会「100都市保育力充実度チェック」各年度版より作成

図3-6　認可保育園の延長保育の実施状況(100市区)

る。イングランドでは一九時まで開所している施設もあるが、利用を一日一〇時間に制限している。フランスでは、パリの公立保育園の閉園が一八時四五分であるという報告の中で、一般の労働者に残業する習慣がないので十分に間に合っていると説明されている。ニュージーランドの都市部では開所時間が七時から一八時という私立保育所が多いが、一六時三〇分までにほとんどの子どもが帰るという園の報告も見られる。

それぞれに労働事情や通勤事情が異なるので比較は難しいが、どの国も日本のように遅い時間までの延長保育を実施していないということは確かなようだ。

図3-6は、前出の「一〇〇都市保育力充実度チェック」(保育園を考える親の会)の各年度数値をグラフ化したものだ。延長保育制度には、一時間延長、二時間延長、四時間延長などの種類があり、各園が地域のニ

ーズに合わせて実施しているが、このグラフは、一〇〇の市区に認可保育園の延長保育実施率と平均延長時間(分数)を回答してもらい、全体を平均した数値の推移を表している。

一九九〇年代からの延長保育の普及促進策が効いていることがわかる。二〇二三年度での実施率は九四・三パーセント、平均分数は八四・四分になった。一時間延長が多数派ではあるが、二時間延長、四時間延長の園もあり、平均時間は一時間三〇分に近い。標準開所が一八時三〇分までの園が一時間延長をすれば、一九時三〇分までの保育になるので、やはり前述の国々に比べると開所時間が長い。

そして、このような長時間保育は、保育士のローテーションを間延びさせる。そのため、保育士自身の仕事と子育ての両立が難しくなり、妊娠を機に仕事をやめてしまう保育士は相当割合に上っている。それだけではない。いったんやめた保育士が再就職する場合も、ローテーションがある正規雇用を避けて、パートでの勤務を希望する人が多くなっているという実態がある。

園長先生たちとのよもやま話で「正規雇用の職員は若い保育士ばかりで、パート職員がベテランばかりっていう逆転現象になっていて、いろいろ難しいことがある」という苦労話も聞いたことがある。保育士が就労継続できない、あるいはしない理由はこれだけではないが、保育

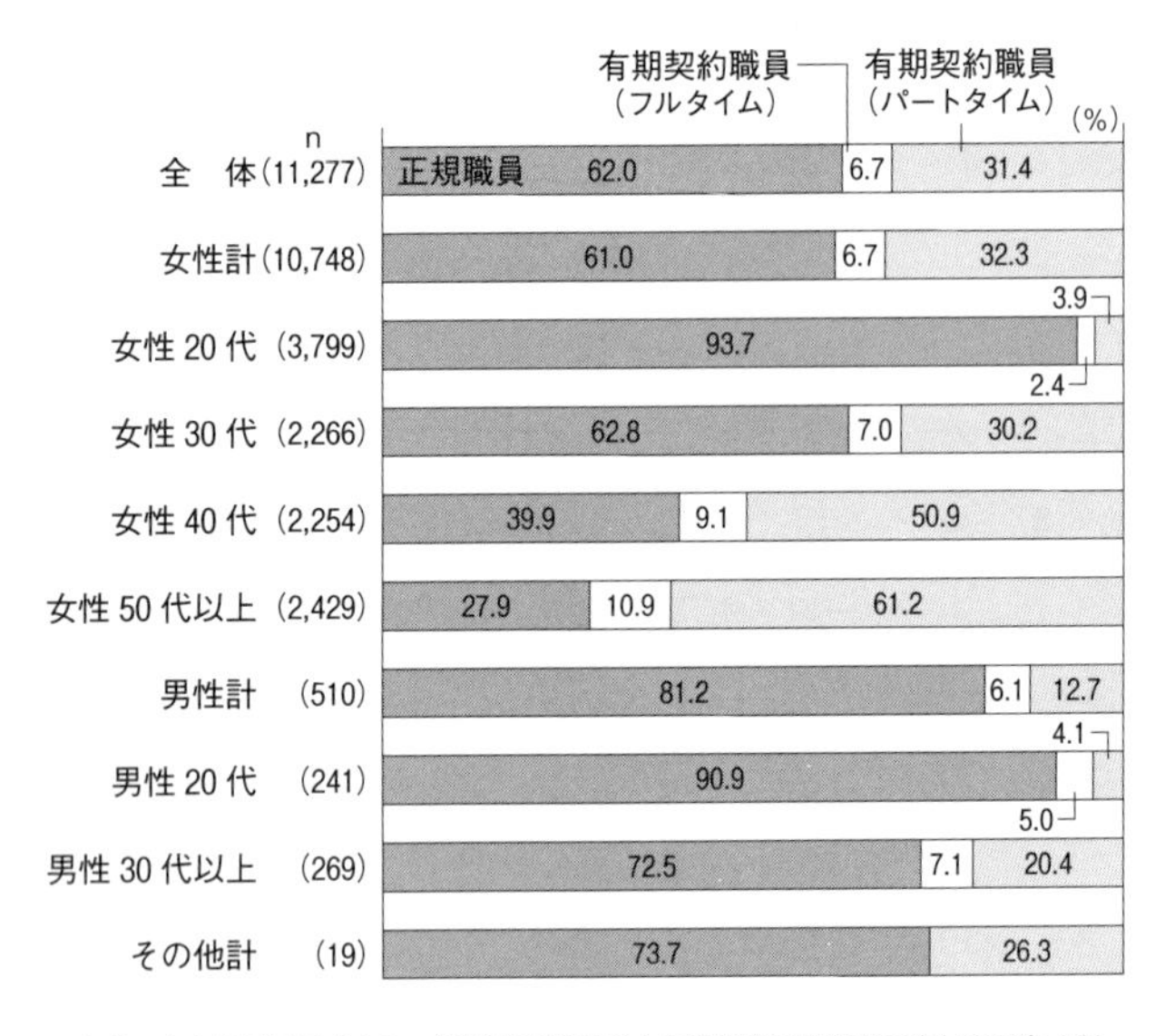

出所：東京都福祉局「令和4年度東京都保育士実態調査結果（報告書）」2023年3月

図3－7　東京都・過去5年間に保育士登録をした保育士の雇用形態

士が経験を積んで資質を向上させ、保育の質を上げていけるような労働条件になっていないとすれば、これは深刻な問題である。

図3－7は、「令和四年度東京都保育士実態調査結果」にある調査結果で、現在就業中の保育士の雇用形態をグラフ化している。調査対象は、二〇一七年四月から二〇二二年三月までの東京都保育士登録者（書換え登録等を含む）である。

東京都は独自の保育士給与改善を行っており、都内自治体の職員配置は都外自治体よりも恵まれている傾向にあるが、それでも継続就労が困難な実態が見て取れる。子育て期に正規職を退職してしまう傾向は、実は女性の就業者全体の傾向と一致しているのだが、専門職である保育士のキャリア形成、専門性の向上、保育の質の向上を考えると、この実態では心もとない。

働き方改革の出遅れ

ここまで見てきたように、保育園・保育制度は時代の流れに合わせて変化してきた。保育制度改革は、女性が出産後も働き続けることができる社会への変化を助けてきたことは確かだ。しかし、変わらなければならないのは、保育園だけではなかったはずだ。女性の内助の功を前提とした男性の滅私奉公的な働き方が標準とされた昭和の時代の痕跡は、いまだ根深く社会に残っている。

もちろん、ワーク・ライフ・バランスや過労死防止が言われるようになり、日本人の働き方も少しずつ変わってきた。二〇二二年のＯＥＣＤ統計ベースでの年間平均労働時間ランキングでは、日本は一六〇七時間、長い方から四四カ国中三〇位とまずまずの順位になっている。ただし、厚生労働省の統計では、年間総実労働時間は減ってきているものの（図３－８・左）、パ

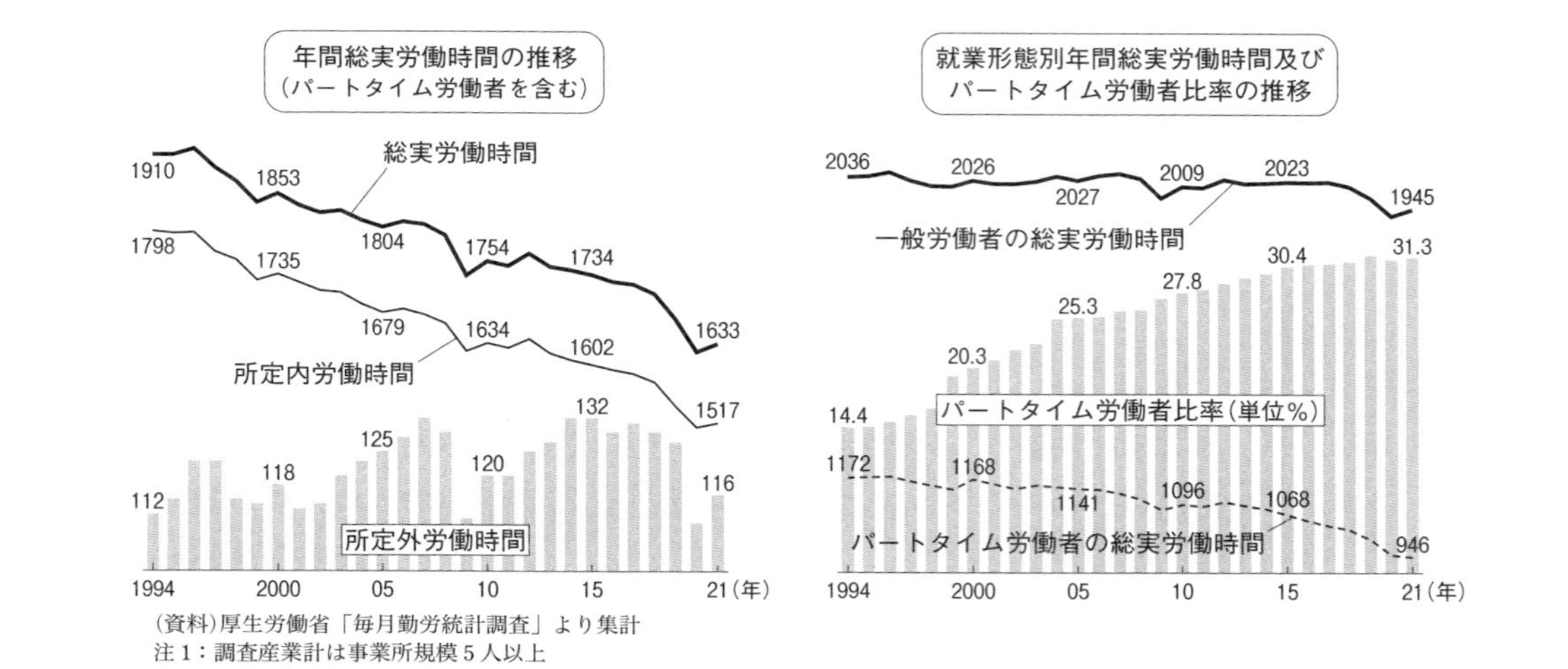

(資料)厚生労働省「毎月勤労統計調査」より集計
注 1：調査産業計は事業所規模 5 人以上
注 2：総実労働時間，所定内労働時間の年換算値については，各月間平均値を 12 倍し，小数点以下第 1 位を四捨五入したものである.
注 3：所定外労働時間については，総実労働時間の年換算値から所定内労働時間の年換算値を引いて算出している.
注 4：2004 年から 2011 年の数値は「時系列比較のための推計値」により求めた.
出所：厚生労働省「第 177 回厚生労働省・労働条件分科会(資料)」2022 年 8 月

図 3－8　年間総実労働時間の推移

ートタイム等の労働者を除いた一般労働者の年間総実労働時間の二〇二一年の数値では一九四五時間にも上る(図3-8・右)。つまり、年間平均労働時間の短縮はパート労働者の増加が大きく寄与しており、正社員の時短はそこまで進んでいないということになる。

保護者の働き方は、保育園の運営に直接影響を与えている。長時間労働慣習は、仕事と子育ての両立を苦しいものにする。

二〇二〇年に始まった新型コロナウイルスによるコロナ禍は、家庭の暮らしも大きく変化させた。私の周囲では、家族単位の行動が多かったためか、家族で過ごす時間を充実させようという親たちの意欲は高まったように見える。中でも在宅勤務が広がったことは、働き方についての人々の意識を変化させた。もちろん、在宅勤務ができる職種とできない職種があるが、在宅勤務の普及はまちがいなく子育て支援として機能している。

「男女共同参画白書(令和五年版)」に、在宅勤務者とそれ以外の者の生活時間を比較した調査(二〇二一年)の分析がある。それによれば、在宅勤務者はそれ以外の者より、一日の通勤時間が女性で平均五四分短く、男性では六九分短い。男性では仕事の時間も減少する傾向が見られた。それらの短縮分と引き替えに何の時間が増えているかは性別や年齢によって大きく異なるが、三五―四四歳の女性では子育ての時間が最も増えており(四六分増)、自由時間も三二分増えている。同年齢の男性では自由時間が四三分増えており、子育ての時間も一四分増えている。この男女の差には相変わらずの性別役割分担が表れているが、総合して親が生活時間にゆとりをもてたり子育ての時間を確保できたりしたということだ。

コロナ禍が収束するとともに在宅勤務をなくした企業もあるが、特に子育て期の社員についてはできるだけ在宅勤務を選べるようにすることで、効果的な子育て支援につながるはずだ。これは、学童保育の不足に対しても有効な対策になる。

そして、在宅勤務は保育も助ける。保護者は通勤時間がなくなった分、早くお迎えに行くことができる。

もちろん、医療職など交代制勤務が必須の職業のために、夜間保育などのニーズに保育園が応えることは今後も求められていくだろう。しかし、昼間労働者の保育利用があと少し短くなり、父親も早く帰ってお迎えを分担するようになれば、全体の保育時間がコンパクトになり、ローテーションによる保育士の負担を減らすことができるのではないだろうか。それは、保育の質の向上も助けるはずである。

保育士という職業の位置づけ

ここまで見てきたように、保育現場をめぐるさまざまな問題は待機児童対策が最優先とされる中で見過ごされてきた。

先に解説した自治体の「定員超過受け入れ」という小手先の待機児童対策はすぐに破綻し、都市部の自治体は独自の助成制度による認可外保育施設の増設や、雑居ビルなどへの認可保育園の設置を進めたが、二〇一六年には、「保育園落ちた日本死ね！」という保護者のブログへの書き込みが国会で問題にされるほど、保育園の入園事情は悪化した。

ちなみに、「保育園を考える親の会」の「はじめての保育園」（入園オリエンテーション）では、二〇〇〇年代前半ごろ「フルタイマーの育休復帰組は、四月入園でほぼ入れる」と参加者に助言していたが、二〇〇八年のリーマンショック以降、生活の安定を求める共働き志向と保育ニーズのさらなる急進があってからは、このような助言は通じなくなっていた。

各自治体の待機児童対策にも拍車がかかり、保育施設の急増とともに、保育士不足が顕著になっていく。二〇一四年三月、国の産業競争力会議の雇用・人材分科会において、保育士不足の対策として民間認証の「准保育士」を設け、育児経験のある主婦を担い手とすることが提案された。

「保育園を考える親の会」は、保育士に求められる専門性が曖昧にされることを危惧し、これに対して反対の意見書を提出した（准保育士創設についての「保育園を考える親の会」意見書　二〇一四年四月八日発表）。その内容を引用しよう。

保育所等に子どもを預ける保護者からの要望
――「准保育士」導入ではなく潜在保育士の活用を求めます

都市部の待機児童問題は引き続き厳しい状況が続いており、私たちは一刻も早い事態の改善を願っております。しかしながら、産業競争力会議雇用・人材分科会で検討されております「准保育士」の創設はその解決策にはならず、むしろ親が安心して子どもを預け、働ける環境を奪うことになりかねないと危惧しております。
子どもを保育所等に預けて働く親の立場から次の点を要望いたします。

1　保育士による保育を
現在でも認可保育所には、子育て経験者等の無資格者が保育の補助として入るケースはありますが、配置基準分の先生（担任）が無資格の子育て経験者になるなどということは、親として考えられない事態です。専門性をもった保育士に保育してもらえるという安心感があるからこそ、働く親は支えられています。

人材の質は保育の質そのものであり、その質が子どもの命はもちろん、人格形成期の成長にも大きな影響を与えるものであることを、いま一度、ご考慮いただきたいと思います。無資格者が多い認可外保育施設の死亡事故の多さ、先日のベビーシッター事件等（コラム7参照）もふまえた慎重な検討が必要と考えます。

2　保育士が働き続けられる環境を

保育士不足が待機児童対策のネックになりつつあります。その一方で、現場から離れている潜在保育士が六〇万人以上いるといいます。さらに、これらの人々が保育士として働かない理由は、主に、仕事のたいへんさや責任の重さに見合わない低い待遇にあるということが明らかになっています。

このような状況であるにもかかわらず、「准保育士」が導入されれば、専門性をもった保育士に責任が集中し、その負担はさらに重くなります。加えて、賃金が安い「准保育士」の保育労働市場への流入によって、保育に従事する者全体の賃金水準までもが低下し、人材確保がさらに困難になるでしょう。こうして⑴担任(最低基準人員)に専門性の低い人材が導入されること、⑵適正な人材の確保の一層の困難化という二重の打撃により、私たちの子どもが受ける保育の質が低下していくことになります。

まずは、保育士の待遇を改善することによって離職率を抑え、潜在保育士の復帰を促進し、また長期的に保育士志望者の裾野を広げることが必要だと考えます。保育に意欲をもち、子どもの心身の発達のために必要な専門知識を学んだ人材が継続して働けない状況というのは、日本の児童福祉および乳幼児教育の危機です。

3　子ども・子育て支援新制度との矛盾

子ども・子育て支援新制度には、保育士の待遇改善策と保育の質の向上策も盛り込まれています。今回、財源不足から小さな改善にとどまるようですが、もしも、保育所や認定こども園の配置基準に「准保育士」が導入されるようなことがあれば、長い議論を経て決定された新制度のこれらの改善策は水泡に帰することになります。

乳幼児期の教育への投資は、国家にとって最も費用対効果が大きいという分析結果があります。国はより質の高い保育を実現し、次世代を担う子どもたちを豊かに育むことをめざしていただきたいと思います。

保育現場や保護者から反対の声が上がったこともあり、「准保育士」の創設は見送られた。その代わり、保育士配置数には含めない「子育て支援員」(コラム8参照)という認定資格がつくられ、主に保育等の補助にあたる役割と位置づけられた。

前記の意見書の三番目にある「子ども・子育て支援新制度」は、ここまで何回かふれているが、二〇一〇年から二〇一二年にかけて検討され二〇一五年から実施された幼保一体化を含む保育制度改革である。この制度検討の最終段階では質の向上策として保育士配置基準の改善も検討されていた。具体的には、一歳児の職員配置(子ども六人に対して保育士一人を五人に対して一人に改善)、三歳児の職員配置(子ども二〇人に対して保育士一人を一五人に対して一人に改善)、四・五歳児の職員配置(子ども三〇人に対して保育士一人を二五人に対して一人に改善)などの改善が計画されていた。

しかし、消費増税の税率が民主、自民、公明の三党合意による一〇パーセントではなく八パーセントに抑えられたことを理由に、これらの保育士配置改善は先送りされた。消費増税による一兆円の財源のうち七〇〇〇億円を保育の「量」の拡大に充て、残り三〇〇〇億円を配置基準の改善など「質」の改善に充てることを想定していたが、後者は結局、実現しないままとなったのだ。これが「積み残された〇・三兆円メニュー」として後々まで問題にされることになる。

なお、このときの改善計画のうち三歳児の職員配置についてのみ、基準改定ではなく、希望した園に人件費を加算する形で改善が実施されている。

准保育士が提案された二〇一四年の八月、国は「保育人材確保のための「魅力ある職場づくり」に向けて」という報告の中で、次年度末には七・四万人の保育士が不足するという厳しい見通しを示しているが、その背景説明として、ハローワークでの調査結果(厚生労働省職業安定局「保育士資格を有しながら保育士としての就職を希望しない求職者に対する意識調査」平成二五年)を掲げ、保育士資格を有する求職者の約半数が保育士としての就業を希望しておらず、その理由として「責任の重さ、事故への不安」「就業時間が希望と合わない」「賃金が希望と合わない」「休暇が少ない、休暇がとりにくい」などが多く挙げられていたことを明らかにしている。

このように、保育士の負担が大きく、待遇がその職責の重さに見合わないものになっていることを直視せず、制度の緩和によって保育士不足を解決しようとする動きは、この後も続く。

コラム7　二〇一四年に起きたベビーシッター事件

二〇一四年にベビーシッターのマッチングサイトを介して預けられた二歳男児が、男性シッターに殺害される事件が起こった。犯人は、フリーのシッター業を行う間、預かった子どもの裸の写真を撮るなど、わいせつ行為を繰り返していたこともわかった。無資格だったが保育士を詐称していた。

コラム8　子育て支援員

子育て支援員は、国が定める基本研修や専門研修を修了して「子育て支援員研修修了証書」を交付されることで認定される。配置基準に一部、保育士資格をもたない人の配置を認めている小規模保育や家庭的保育、放課後児童クラブなどへの配置が予定された。また、保育所では、朝夕の子どもの数が少ない時間帯も保育士の複数配置が求められてきたが、二〇一六年四月、その一人を子育て支援員にすることを可とする規制緩和が行われた。

「パート保育士活用」が打ち出される

「保育園を考える親の会」の准保育士に反対する意見書は、「潜在保育士の活用」を求めていたが、潜在保育士の就業希望の実態は厳しいものだった。

二〇二〇年一二月二一日に国が発表した「新子育て安心プラン」の中に、保育士不足への対応策として「短時間勤務の保育士の活躍促進」が挙げられ、配置基準の保育士を全員パートタイマーにしてもよいこととする計画が示された。短時間勤務の保育士(パート保育士)の導入はそれ以前の規制緩和で容認されていたが、クラスに一人は常勤を充てることになっていた。今回は、その常勤も二人のパート保育士に替えてもよいというのだ。

「新子育て安心プラン」を説明する資料には、規制を緩和する背景として、「平成三〇年度東京都保育士実態調査」において、「過去に保育士として就業した経験がある潜在保育士が保育士として再就業する場合の希望条件」(複数回答)を尋ねたところ、七六・三パーセントが「勤務時間」、五六・〇パーセントが「雇用形態　パート・非常勤採用」を挙げていたことが示されていた。

同調査では、現在就業中の保育士がいま働いている保育施設を退職する場合、その理由になるのはどんなことかという調査項目もあり、「給料が安い」六八・七パーセント、「仕事量が多い」六一・九パーセント、「労働時間が長い」四七・四パーセントなどがベスト三に挙がっていた。こういう現状が、潜在保育士をパート希望へと押しやっていることには目をつぶり、短絡的に、「本人たちが希望しているから」という理由で、保育士のパート化をさらに進めようとする策に、首をかしげざるをえなかった。これでは、保育士という職の位置づけはますます低くなってしまう。

「保育園を考える親の会」は二〇二一年一月二〇日に「「短時間勤務の保育士の活躍促進」への意見表明」を発表した。

この意見は、保育士のパート採用そのものに反対するものではない。現場では、保育が繁忙になる時間帯にクラス担任を支えるパート保育士がすでに多く活躍している。しかし、クラス担任全員がパートになるということは、現在、主に正規雇用の保育士が担っている保育の基幹的な業務をパート保育士が担わなければならなくなるということにほかならない。意見書は主に次のようなことを指摘した。

○「クラス担任」がパートタイマーになることの問題

「クラス担任」は、子ども一人一人およびクラス全体を把握して保育の計画を立て、クラス運営を行う。また、子どもの記録をとり、保護者に伝え、助言するとともに、さまざまなトラブルに対応するのも「クラス担任」の仕事。パート保育士にもこれらの業務を行いうる人材はいるが、その保育士が時給労働者でよいとは考えられない。

○人格形成期の子どもにアタッチメント不全のおそれ

勤務時間の短いパート保育士による細切れの保育になった場合には、子どもと保育士の間のアタッチメント（愛着関係）が形成されにくくなり、保育の質の深刻な低下を引き起こすおそれがある。

○保育士の賃金水準の低下および職業的地位の低下の懸念

保育士が全員、時給労働者でもよくなることは、保育士の賃金水準を低下させ、その職業的地位を低下させることにもつながる。このことは、保育士の処遇改善を急務としている国の政策方針に逆行する。

○正規雇用保育士の負担軽減、両立支援、パート保育士の同一労働・同一賃金の徹底が必要

保育士不足の背景には、正規雇用保育士の負担の重さ、家庭生活・子育てとの両立の困難がある。正規雇用の保育士の負担軽減をし、正規雇用のまま育児休業や短時間勤務制度を利用しやすくなる支援を行うことが必要。配置基準の改善などの負担軽減は特に重要。また、事業者が人件費削減を目的とした非正規化に流れないよう、パート保育士が正規雇用保育士と同等の業務を担う場合には、同一労働・同一賃金の原則(「パートタイム・有期雇用労働法」二〇二〇年施行)が適用されるように指導を徹底する必要がある。

保育士という職の地位の低下は、地滑り的に保育の質の低下に結びつき、子どもの不利益につながるということを強調するため、意見書には図3-9のような図を添えている。

なお、この意見書には、幼稚園・保育園の現場を経験した保育者の次のような手記が添えられている。この保育者は、子育て期をパート保育士として勤務し、その後、正規職として転職

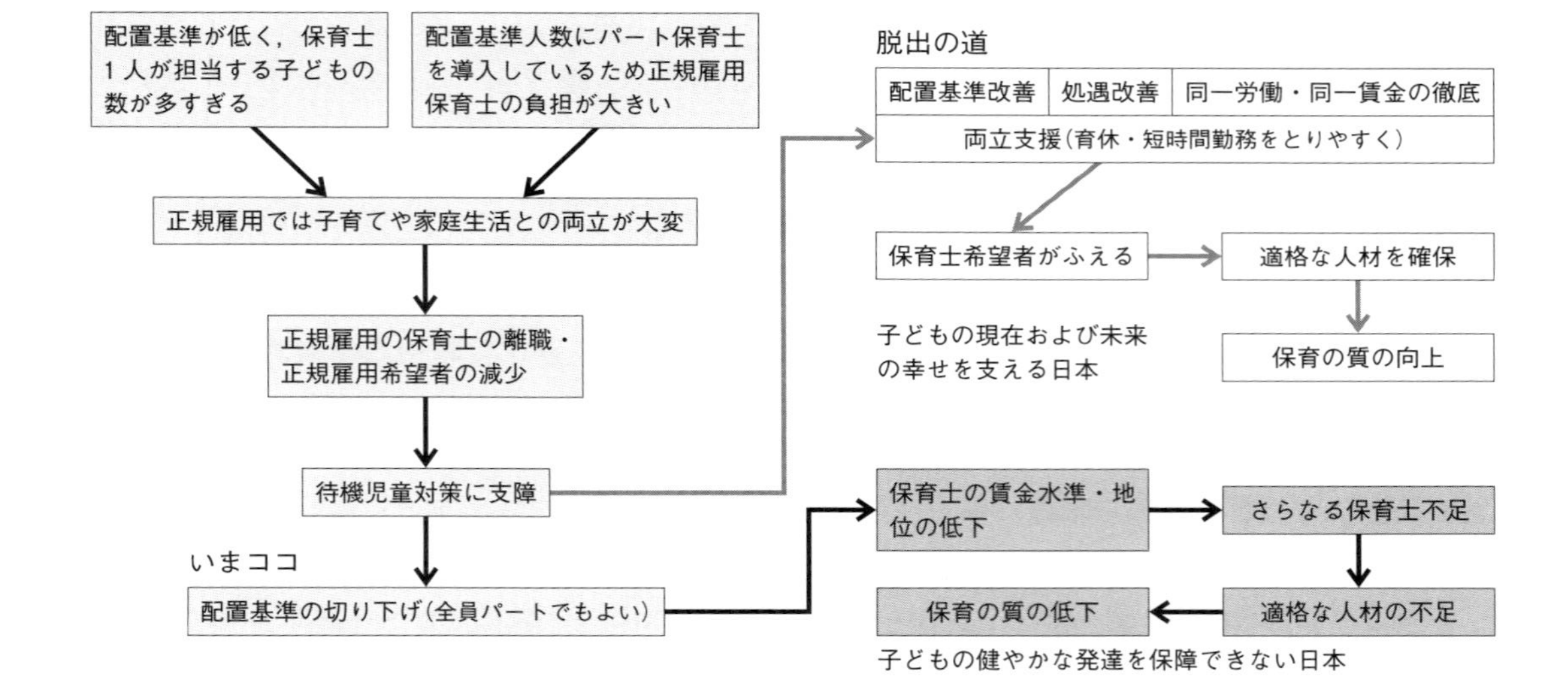

出所：保育園を考える親の会「「短時間勤務の保育士の活躍促進」への意見表明」より

図3-9　保育士パート化促進のデメリット(イメージ)

して三歳児クラスの担任となった。

〈保育者の手記〉「保育園を考える親の会」メーリングリストへの投稿から

私は、保育現場で二〇年以上働いています。

正規職員として働いたのは合算すると一〇年で他はずっとパートです。子どもが小さいうちはハードな保育からは遠ざかり他の仕事をしていました。

その後保育現場に復帰してパートで働くこと九年。そろそろ正規職員として働こうとチャレンジしたのは三年前のことです。子育てにお金がかかるようになったことも理由のひとつです。

通勤時間を削るために近隣の園に正規職員として転職。

ところが、兼任のフリー保育者がいるとはいえ、三歳児二六人の担任業務は想像以上に厳しく家庭との両立どころではなくなり、子どもも旦那もほったらかし状態になり二年で辞めました。家庭や身体が崩壊しては元も子もありません。いまは保育園の週四日のパート派遣の勤務に切り替え自分の時間を取り戻し、家族からは笑顔が戻ったと言われています。

そんなところへ今回の「短時間勤務の保育士の活躍促進」プランの内容。

「各組や各グループで一名以上常勤の保育士配置を求める規制を撤廃し、一名の常勤の保育士に代えて二名の短時間勤務の保育士を充てても差し支えないこととする」とありますが、そうなったら私が担任を辞めてパートで働いている意味はなくなりますし、「保育園を考える親の会」の意見表明の図(図3-9)が示すように、さらなる保育士不足や保育の質の低下になることは明確だと思います。

ましてやそれが正規職員の助けになるとは思えませんし、職員が増えることにつながるとも思いません。

プランの目的である潜在保育士の掘り起こしとはつまり、保育の仕事をもう一度やりたいと思った人が復帰した後も無理なく続けられるということだと思うのですが、それはいったいどういう現場なのかとずっと考えていました。

逆を言えば保育をやりたいと思う私が何故に続けられなかったのかということ。

現場では、まだまだ改善の余地ありとしてもPC導入やシフトの改善などを行っています。それでも毎年退職者が出ます。保育園で三歳児クラスを持っている友人に、ひとクラス何人が良いか聞いたところ「一五人ならいいかな」と言っていました。

私も同感です。「だいたいどこの国でも、保育士が受け持つ幼児の人数は多くて十数人程度」という話もありました。

そうなんですよ。

二五人前後がひとつの保育室にいると、ケガをしないよう見守ることで精いっぱいで、場合によっては管理するほうに力が注がれますから、夢に見たニコニコとほほ笑む保育者の姿とはほど遠い表情になることもしばしば。そのギャップに苦しみ、若い時は特に、自分にこの仕事が合っているのかと悩むこともありました。

書類の種類が減らなくても（減らす努力は必要ですが！）、クラスの人数が少なければ負担は減ります。人数が少なければケガや衝突のリスクは減り、ゆったりとした気持ちで子どもと関われます。先生の笑顔が増えます。子どもも落ち着きます。

それは理想論だと思っていましたが、いまこそ訴えるべきことだと思いました。

子育てを経験し今度は社会にその力を発揮したいと思う保育士はいるのですから、保育園や幼稚園がそういう人を生かす雇用体制が作れるように行政が十分に支援すること、持ち帰りの仕事がなく、子どもの命と育ちを保証する責任ある仕事に見合った十分な収入が保障され、この仕事の地位が向上すること。潜在保育士の掘り起こしが必要ならば、こういったことを整えていくことが大事なのではないでしょうか。これからの保育を担う方々が辛い思いで現場を去ることがないようにと願うばかりです。

このプランに対しては、保育団体や労働組合などからも反対の声が上がり、国会の内閣委員会でも議論された。最終的に、国は二〇二一年三月の通知において「今後とも最低基準上の保育士定数は、子どもを長時間にわたって保育できる常勤の保育士をもって確保することが原則であり、望ましい」と示した。が、同時に、待機児童が一名以上あり、かつ空き定員があるにもかかわらず、常勤保育士の確保が困難であるため希望する保育所等に子どもが入園できない場合等の厳しい条件をつけて、常勤保育士をパート保育士で置き換えることを容認した(厚生労働省子ども家庭局長通知「保育所等における短時間勤務の保育士の取扱いについて」二〇二一年三月一九日)。

いまも潜在保育士は増加している。厚生労働省の調べによれば、二〇〇五年では、保育士資格保有者七三万人のうち潜在保育士は約三七万人(約五割)だった。二〇二〇年では、保育士資格保有者が一六七万人と二倍以上に増えているが、その六割に当たる一〇二万人が潜在保育士となっている。国は、保育士試験の回数を増やすなどして、資格保有者を増やそうとしているが、その人たちが現場に入ってくれるかどうかは、保育の仕事の位置づけややりがい次第ではないだろうか。本質的な部分の改善が行われなければ、「負のスパイラル」を断ち切ることはできない。

「保育の市場化」をめぐる議論

本章では、この三〇年余りの保育の実情や制度の変化を見てきた。その前半、すなわち一九九〇年代は、行政改革が厳しく推し進められ、自由競争による市場原理が礼賛され、さまざまな公的事業の市場化が試みられた時代だった。保育もその流れに激しくさらされていた。しかし、保育は完全な商業化はされずに現在に至っている。保育の質に禍根を残す制度改定は数々あったものの、子どもの利益を第一とする公益性を再び打ち出せる素地は残された。この間、保育の市場化をめぐりどんな議論があったのかを本章の最後に振り返り、今後を考える材料としたい。

一九九七年の児童福祉法改正までには、長い議論があった。認可保育園(保育所)は、戦後、児童福祉施設として発展してきた。そのため、親が就労しているなど保育を必要としている理由がなければ入園できず、入園は市町村が措置(行政処分)として決定していた。また、保育料は応能負担(世帯の所得に応じた額を市町村が公定する)であり、利用家庭は市町村に保育料を収め、園は市町村から基準に沿った運営費を受け取るというように、私立(民間立)であっても、市町村の事業として行われてきた。

しかし一九九〇年代、就労家庭のニーズと乖離している認可保育園の実情が明らかになるにつれ、行政の縛りが強い措置制度のために画一的で柔軟性のない事業になっているとの批判がされるようになった。

こうして保育制度改革に向け「これからの保育所懇談会」「保育問題検討会」(いずれも厚生省が設置)などの会議体が設けられて、有識者や保育関係者による白熱した議論が行われた。事業者が競い合って利用者ニーズに応えるようなしくみにして「利用しやすい保育所」に変えるというかけ声のもと、保護者と施設との間の直接契約、保育料の応能負担の廃止などについても検討された(一九九三年、一九九四年にそれぞれ提言や報告書を発表)。

しかし、当初の国が構想していたような改革では、子ども全般の福祉として機能してきた認可保育園のよさが失われるとの反論も噴出した。国の構想には、民間サービス化することによって公費の負担を減らす目論見もあり、その点も問題にされた。

措置制度の廃止により、国や自治体の責任が後退するおそれがあること、保育料の高騰や低・中所得層で保育料負担が過重になる可能性、サービス競争による保育士の労働条件の悪化、保育の質の低下などの懸念も挙げられた。

結局、一九九七年の児童福祉法改正で、認可保育園は措置制度ではなくなったが、施設と利用者の直接契約ではなく、市町村と保護者の利用契約によるものとされた。保育料の応能負担も維持され、改正後も、施設は自治体から運営費を受けて運営し、入園手続も、市町村で申請を受け保育の必要性により優先順位を決める利用調整により入園者を決定するしくみが維持された。これらにより、自治体が認可保育園に日常的に関与するしくみは残された。

しかし、その後も「保育自由化」の波は押し寄せた。二〇〇八年七月に出された「規制改革会議中間とりまとめ」には、認可保育園の直接契約化、認可・認可外を問わないバウチャー（特定の目的に使用できる金券）の導入、保育士配置や施設・設備基準の緩和、株主配当制限の撤廃など、数多くの提案が示されていた。

確かに、世の多くのサービスは市場原理のもとで提供されている。しかし、保育がそのようなしくみになったらどうなるのか。一律のバウチャー支給では、中・低所得層が苦しむ。いや、自由価格になるからそれぞれ「身の丈に合った」保育を利用すればよいということになる。安い保育料しか払えない家庭の子どもは、簡易な設備で人手をかけない保育を利用するということだ。一九八〇年に大問題となった〝劣悪ベビーホテル〟のように(日差しも入らない薄暗い雑居ビルの中で無資格のアルバイトスタッフが子どもを荷物のようにぞんざいに扱っているベビーホテルの実態がテレビで報道され社会問題となった)。入園は民民の自由な契約になり、保育の質に問題があっても、そこを選択した保護者の自己責任になる。手がかかる子ども、保育料の支払いに不安がある家庭の利用を事業者が断ることも可能だ。保育施設がない地域があっても、「このへんはお客さんが少ないから採算がとれないから、しかたないよね」という話で終わってしまう。市場原理では、儲からない事業が提供されないのは当然のこととされる。

付加価値を競い合うから多様で質の高いサービスが提供されるようになると報告書は言うが、その例として挙げられていたのは、夜間保育や休日保育だった。事業者が、保護者の利便性やわかりやすい早期教育を「売り」にして競い合うことが想定されている。

また、公費もバウチャーになってしまえば、使い途が自由になる。人件費、食費、保育材料費を削って利潤を多く出す、つまり子どもの利益よりも株主の利益が優先されがちになることは容易に想像できる。

規制改革会議のメンバーは政治・経済・法律の有識者と産業界のリーダーたちであり、次章でも詳しく述べるような子どもの発達ニーズや一般市民の生活の状況について十分に理解しているようには見えなかった。

このころようやく、格差拡大、子どもの貧困などの実態が社会問題として注目されるようになり、すべての子どもの育つ権利の保障が改めて議論されるようになっていた。

同時期に制度の改革を検討していた厚生労働省の「少子化対策特別部会」は、市場原理だけでは質を確保した保育を行き渡らせることは困難であると指摘し、完全な市場メカニズムとは別個の新しい仕組みを検討するとした。その後、制度改革の検討は、民主党への政権交替により「子ども・子育て新システム検討会議」へと受け継がれ、再び政権交代を経て、二〇一五年に「子ども・子育て支援新制度」として実施された。

「子ども・子育て支援新制度」は、保育の財源を拡大すると同時に、保育制度の種類を増やし、幼稚園や認可外保育施設を取り込んで、公的かつ一元的な枠組みを拡大しようとするものだった。「幼保一体化」を謳う認定こども園制度、小規模保育や家庭的保育などの地域型保育などが創設された。多様な事業者の参入も促進した。自治体の認可が恣意的であるとして、外形的基準を満たした施設は基本的に認可すべきとし、給付費(運営費)の使途制限を緩め、株主への配当も可とした。

認可保育園については市町村と利用者の公的契約の形が守られたが、認定こども園や地域型保育は施設と保護者の直接契約とされた。

しかし、直接契約の施設についても、保育士配置や施設設備などの基準、保育料は応能負担で自治体が決めるしくみは維持されたため、心配されたような「市場化」とはならなかった。二号・三号の子ども(保育の必要性が認められる子ども)の入園手続もほぼ従来どおりとなり、直接契約の施設であっても、定員に空きがある限り入園希望者を断ってはならないという応諾義務も課された。

幼稚園は文部科学省の旧制度に残るところと、認定こども園や新制度幼稚園などに移行するところに分かれた。幼稚園に配慮して、制度全体に入園金や付加的な保育の別料金を取ることが容認された。この点は、制度検討に加わっていた私には納得のいかないことだった。

二〇一九年に三歳以上児の保育料が無償化されたが、それを商機と見て、保育時間内に有料の選択制の習い事(英語や体操など)を導入する施設も現れた。認可保育園しかなかった時代、国はこのような有料サービスの導入を明確に禁止していたが、新制度では幼稚園への配慮もあり、「保護者の同意」を条件に、許容するようになった。「習い事」は子ども主体の保育を重んじる保育所保育指針の理念に沿わない部分があると私は考えているが、このようなサービス競争が激しくなり、本来の子どもの発達ニーズと乖離したり、家庭の経済状態等で子どもが分断されたりすることは避けなければならないだろう。

有料の習い事に関する苦情は、幼稚園を母体とする法人や営利法人の認可保育園・認定こども園のものが「保育園を考える親の会」に届いているが、いまのところ多数にのぼるわけではない。直接契約になることで、事業者が特色づくりや利益追求に走るのではないかという懸念があったが、その動きは、認可の保育施設で見る限り、それほど大きなものとはなっていない。

この間、子どもの育つ環境を社会が保障するという考え方が広がったこともあるだろう。いま、保育施設で事故や事件が起こると、メディアは自治体の監督責任にも言及する。保育が完全な市場サービスになっていたら、このようなとらえ方はされなかっただろう。

今後、認可保育園や幼稚園の認定こども園への移行が進み、直接契約の施設が主流になっていくかもしれない。そうなったとしても、これらの保育は子どもの利益を第一とする事業でなくてはならず、公費で支えられているということを前提に、国や自治体は、その量と質の確保に責任をもつことを明確にしておかなくてはならない。

　また、保育を、自由価格での切り売り競争にさらすようなことも避けねばならない。家庭の経済状況などで差別されることなく、多様性が包摂される場として保育を開き、子どもたち一人一人が尊重されながら育ち合うことを保障することが必要だ。そんな環境が、結果的にそれぞれの育ちを豊かにする。

　わが子によりよい環境をと望む保護者もまた、このことに目を向ける必要がある。わが子をフラスコに入れて育てることはできない。子どもたちは、保育施設や学校、地域で仲間とかかわり合いながら複雑な人間社会を生きる力を身につけ、やがては、この社会をともに支える関係になる。子育てをそんな広い視野で眺め、すべての子どもにとってのよりよい保育や教育のあり方を考えることが、いま求められている。

第4章

「保育の質」は社会の未来を左右する

——子どもが育つということ

保育の質への無理解が制度を歪めた

ここまで不適切保育とは何か、なぜ起こるのかを考察し、その背景にある保育制度の問題について掘り下げてきた。特に第3章で制度変遷のプロセスにこだわったのは、私が「保育園を考える親の会」の代表を長く務める中で、ずっと保育の量と質の議論に悩まされてきたからだ。限られた枠の中で、保育の量の拡大が優先され、質の向上は後回しにされてきた。なぜ量と質の両方を求めることができないのか。量を増やすのであれば、なおさら質を確保しなければならないというのが、国の未来を預かる人たちが考えなくてはならないことなのではないか。

しかし、量優先の制度変更が怒濤のように押し寄せ、その結果、保育の質向上へのハードルはさらに上がってしまった。

そもそも保育の質とは何かということについて共通認識がもたれてこなかったことも、この流れを助長している。子どもはどのようにして育つのか、保育は子どもの育ちをどのように支えうるのかという本質的な理解なくして、保育制度や子育て支援について語ることはできない。

本章では改めて、保育の質と子どもの育ちの関係について、理論と実証研究をふまえながら捉え直していく。

子どもは安全と栄養だけでは育たない

私も子育て期に苦しめられた「三歳児神話」には、実は根拠となった文献があった。第二次世界大戦直後にヨーロッパで行われたホスピタリズム（施設病）の調査研究と、それらの調査研究をもとに展開されたイギリスの精神分析学者、ジョン・ボウルビィの「アタッチメント（愛着）理論」だ。

一九〇〇年代初頭から、欧米では乳児院や孤児院での子どもの死亡率が高く、発達に遅れが目立つことが問題視され、これをホスピタリズムと呼んで、原因究明が求められた。小児科医などが医学的管理や人工栄養（ミルク）の改善に努めても、劇的な改善は見られなかった。この問題について、第二次世界大戦が終結した一九四五年、アメリカの小児精神科医のルネ・スピッツは、調査に基づく論文を発表している。

スピッツは、養育環境に注目して、異なる環境で育つ三つのグループの子どもの育ちを観察した。一つ目のグループは家庭で育つ子ども、二つ目のグループは看護師が常駐する最新の設備が整った乳児院の子ども、三つ目のグループは売春などの非行を犯した母親と子どもが生活する母子更生施設の子どもである。すると、一つ目のグループと三つ目のグループでは大きな差はなかったが、二つ目のグループの子どもは二年目までに四割が亡くなり、残った子どもたちも心身の発達に遅れが見られた。この乳児院では、看護師一人が一〇人の乳児を担当し、衛生のためなるべく子どもに触れないようにしていたという記録もあって、大人の子どもへのかかわりが非常に少ない環境だったことが推測される。このような調査研究により、ホスピタリズムの原因は、医学的、栄養的な問題というよりは、養育者のかかわりという心理的な問題にあるのではないかと考えられるようになった。

折しも、ヨーロッパでは戦禍により親を失った子どもたちがあふれており、ホスピタリズムは深刻な社会問題になっていた。ボウルビィは、国連の世界保健機構(WHO)から孤児の精神衛生に関する報告書作成の依頼を受け、一九五一年に「母性的養育と精神衛生」をまとめた。この報告書は、子どもの心身の発達には、母親と乳幼児に見られるような親密で継続的で、両者が満足と幸福感に満たされているような関係性(アタッチメント=愛着)が重要であり、ホスピタリズムの問題はこれが得られないために起こっていると結論づけた。

アタッチメント理論は、現在では保育士の養成課程でも学ぶ発達心理学のベーシックな知識になっている。しかし当時は、女性の社会進出についての賛否の議論を揺さぶるものとして世界各国にセンセーショナルに伝えられ、「三歳児神話」のような女性の社会進出や経済的自立を抑制する意見を鼓舞した。その一方で、保育施設や社会的養護施設、里親などの制度改善の論拠としても重要な役割を果たした。

ボウルビィは最終的には、「子どもと密接な関係を結べるのは母親だけではない」と明言している。乳幼児期は、子どもの発達にとって重要な時期であることは確かだが、それは母親だけが担うものではないという意味で「三歳児神話」は否定される。アタッチメント理論と母性神話はすでに決別している。そして、子どもの心身の発達にとって、親密にかかわる大人との関係性が重要であることは確かな知見となっている。

近年の研究では、子どもと複数の大人との間でのアタッチメントの形成が確認されており、家庭の養育者と保育者とでは形成されるアタッチメントに何らかの差異があるのかどうかといった研究なども行われている。これらの研究結果はさまざまだが、保育者も子どもとのアタッチメントを形成できること、保育者とのアタッチメントが子どもの安心感の土台となり、子どもが生き生きと自発的に活動する環境を支えることなどは定説となっている。

コラム9　子どもの安心感――発達心理学の理論から

小さな子どもは、危険や恐怖、不安を感じたとき、アタッチメントの対象に慰められたりくっついたり(スキンシップ)することで安心することができる。

子どもは、アタッチメントの対象を安心の基地とし、そこを心理的な活動拠点とすることで、遊びながら探索活動を展開していくことができる。そこで痛い目にあったり、恐怖や不安を感じたりすると、安全な避難場所であるアタッチメントの対象のもとに戻ってくる。

このような繰り返しを「安心感の輪」と言い、この輪がだんだん広がっていくことで、子どもの心は発達する。アタッチメントの存在を利用して自分の気持ちを立て直す経験は自己効力感を育む。このような経験を数多く重ねることで、子どもは「ひとりでいられる」自律性を獲得していく。

保育において子どもとのアタッチメントを確保するためには、保育者が知識としてその必要性を理解しているだけでなく、たとえば乳児であれば、子どもと目を合わせ、やさしいスキンシップを伴うケアをしながら、子どもの喃語(なんご)(言葉を話す前の赤ちゃんの「あうー」「だだだ」などの発声)に応えるなどの応答的なかかわりを重ねていく必要がある。保育者がどんなに熟練していても、子どもの数が多すぎてはこのような保育はできない。つまり、保育の制度が整わなければ、アタッチメント理論で求められる保育はできない。

ボウルビィの報告書は発表と同時にWHOが出版し一三カ国語に翻訳され、日本でも一九六二年に出版された(黒田実郎訳『乳幼児の精神衛生』岩崎書店)。ちょうど翌年の一九六三年、厚生省の中央児童福祉審議会保育制度特別部会は「保育問題をこう考える――中間報告」を発表した。しかし、その内容は保育所(認可保育園)の増設を求める運動を展開していた人々に大きな衝撃を与えるものだった。中間報告は、子どもを保育する方法は両親で選択すべきとしつつも、「健全で、愛情深い母親が、子どもの第一の保育適格者であり、また保育適格者になるように努力することが期待されている」とし、保育施設の利用は父母がいない場合や家庭が困窮している場合など、やむをえない場合に限られるべきという考え方を示していた。

日本は高度経済成長期に入り、女性の就労は増加する一方だった。それに伴う保育ニーズの増大をどうとらえるべきか悩む文面も見られる。たとえば、こんな記述である。

保育の理想は無限であり、よりよい保育をするよう、つねに努力を怠ってはならぬことは言うまでもない。〔中略〕

しかし、行政は理想を追究しなければならないとしても、理想よりもはるかに遠い、最低限度の必要すら満たされていない状況を、最低の線に引き上げることを、まず考えなくてはならない。また、児童福祉に積極的に公費をつぎ込むことに、原則としては異論はないとしても、限られた国力、限られた財政のワクを考えれば、なにから手を着けるべきかの、優先順位が決められなくてはならない。

このことは、保育行政にあっても、決定的な基本にならなければならない。経済的にめぐまれた家庭の幼児の保育にも、公費をつぎ込むことは、将来はありうるとしても、貧困家庭の幼児のなかにすら、保育に欠けるものが多く放置されている現状をみれば、いま保育行政が手を着けねばならぬ問題がなんであるかは、明白であろう。

この文面からは、増大する保育ニーズを眼前に、しかし脆弱な保育体制をふまえたとき、受け入れ対象をしぼることで子どもに必要な環境を確保しようとする意図がうかがえる。そこでは、すでに他国で注目されていたアタッチメント理論も参考にされていただろう。報告書は、国力が豊かになれば、十分な公費をつぎこんで、女性の社会進出を支えることも含め、必要な量と質を確保した保育を実施することはありうると示唆しつつも、目下は財政的な制約などにより、最低限度の施策にとどまらざるをえないことを明らかにしている。

実は、当時の日本の保育士(当時は保母)の配置基準は、前述のスピッツが調査した乳児院に似ていた。もちろん、家庭に帰ることがない乳児院と日々家庭から通う保育施設を単純に同一視することはできないが、当初の保育所制度が量のみならず、質の面でも懸念がもたれる状態だったことは、一九六〇年代のうちに慌ただしく保育士配置が改められたことからもうかがえる(表4－1)。

これらの改善には、現場の人々や関係者からのたくさんの要望運動があった。敗戦でぼろぼろになった社会基盤を立て直していった時代、人々はいまよりもずっと活発にさまざまな社会運動に参画していた。そんな中で、保育の拡充を求める運動も大きな盛り上がりを見せていた。

そして、世界を席巻したアタッチメント理論も後押ししたことは間違いない。アタッチメント理論は、女性の社会進出にはネガティブな影響を与えたが、子どもの環境を改善することに

表 4－1　保育士配置改善の推移(子ども 対 保育士)

<table>
<tr><th></th><th>0 歳</th><th>1 歳</th><th>2 歳</th><th>3 歳</th><th>4-5 歳</th></tr>
<tr><td>1948 年 12 月 29 日</td><td colspan="2">10 対 1</td><td colspan="3">30 対 1</td></tr>
<tr><td>1952 年 1 月 1 日</td><td colspan="2">10 対 1</td><td>(10 対 1)</td><td colspan="2">30 対 1</td></tr>
<tr><td>1962 年 4 月 1 日</td><td colspan="3">(9 対 1)</td><td colspan="2">30 対 1</td></tr>
<tr><td>1964 年 4 月 1 日</td><td colspan="2">(8 対 1)</td><td>(9 対 1)</td><td colspan="2">30 対 1</td></tr>
<tr><td>同 年 5 月 11 日</td><td colspan="2">8 対 1</td><td>9 対 1</td><td colspan="2">30 対 1</td></tr>
<tr><td>1965 年 4 月 1 日</td><td colspan="3">8 対 1</td><td colspan="2">30 対 1</td></tr>
<tr><td>1966 年 4 月 1 日</td><td colspan="3">(7 対 1)</td><td colspan="2">30 対 1</td></tr>
<tr><td>1967 年 6 月 1 日</td><td colspan="3">(6 対 1)</td><td colspan="2">30 対 1</td></tr>
<tr><td>同 年 10 月 11 日</td><td colspan="3">6 対 1</td><td colspan="2">30 対 1</td></tr>
<tr><td>1968 年 4 月 1 日</td><td colspan="3">6 対 1</td><td>(25 対 1)</td><td>30 対 1</td></tr>
<tr><td>1969 年 4 月 1 日</td><td>(3 対 1)*</td><td colspan="2">6 対 1</td><td>(20 対 1)</td><td>30 対 1</td></tr>
<tr><td>同 年 5 月 20 日</td><td>(3 対 1)*</td><td colspan="2">6 対 1</td><td>20 対 1</td><td>30 対 1</td></tr>
<tr><td>1998 年 4 月 1 日</td><td>3 対 1</td><td colspan="2">6 対 1</td><td>20 対 1</td><td>30 対 1</td></tr>
<tr><td>2015 年 4 月 1 日</td><td>3 対 1</td><td colspan="2">6 対 1</td><td>(15 対 1)</td><td>30 対 1</td></tr>
<tr><td>2024 年 4 月 1 日</td><td>3 対 1</td><td colspan="2">6 対 1</td><td>15 対 1**</td><td>25 対 1**</td></tr>
</table>

注 1：グレーの時期に最低基準が改定施行された.
注 2：カッコ内は最低基準改定ではなく措置費(運営費)への加算. 全施設に適用されるわけではない.
注 3：* は乳児保育特別対策の適用施設のみ(予算枠があり, 時代とともに拡大された).
注 4：** は, 保育士不足に配慮し「当分の間は従前の基準により運営することも妨げない」とされている.
出所：植山つる・浦辺史・岡田正章編『戦後保育所の歴史』(全国社会福祉協議会, 1978 年)および厚生労働省資料より作成

関してはポジティブな影響を与えた。

それでも、改善には少なからぬ年数を要した。厚生省が最低基準の改定を「科学的な立場から検討する」として労働科学研究所に委託した研究調査(一九五五年)では、すでに「三歳児三〇人を保母一人で見ることは事実上不可能」と明言されていたにもかかわらず、実際に基準が改定されたのは、その一四年後の一九六九年であった。

ちなみに、保育士配置を定めた児童福祉施設最低基準は、当初(一九四八年)から、総則の中で、国は「基準を常に向上させるように努めるものとする」、都道府県は「児童福祉施設に対し、最低基準を超えて、その設備及び運営を向上させるように勧告することができる」「児童福祉施設は、最低基準を超えて、常に、その設備及び運営を向上させなければならない。(中略)最低基準を理由として、その設備又は運営を低下させてはならない」と定めていた(現行法は「児童福祉施設の設備及び運営に関する基準」という名称になり、一部の基準を自治体が条例で定められるようになったことを反映した記述になっているが、総則の趣旨はほとんど変わっていない)。

当時の記録を読むと、終戦直後の窮乏する日本でこの基準を定めた人々は、この基準では不十分だが守れないものを定めてもしかたがないというジレンマをかかえながら決断したことがうかがえる。国が豊かになればもっと基準を上げられるという見通しのもとに定められた基準だった。

さらなる改善を未来に託さざるをえなかった一九六〇年代の基準改善ではあったが、それでも制度が動いた背景には、アタッチメント理論のインパクトがあった。そしてその後、発達心理学においてアタッチメント理論は一層確かなものとなっていったにもかかわらず、日本の配置基準の改善は、〇歳児保育が制度として開始された局面を除いては、ほとんど進展しなかった。

終戦直後からの保育が圧倒的に不足していた時代には、質まで手が届かなかった。そして、一九九〇年代と二〇一〇年代、少子化対策が喧伝され保育ニーズが急速に伸張した時代にも量の拡充を優先するしかなかった。しかしその間に日本は目覚ましい経済発展を遂げたはずだ。その豊かな時代に保育の質を左右する保育士配置改善が手付かずだったのはなぜなのか。もっと将来を見通して政策を立てていれば、ここまで述べてきたさまざまな矛盾は回避できたのではないだろうか。

保育者の専門性や経験値が必要とされる理由

アタッチメント理論は、子どもの養育や保育において重要で基本的な要素を明らかにした。

子どもは信頼できる大人との信頼関係と安心感を土台にして、探索活動、遊びといった主体的な活動を展開し、自ら心身の機能を発達させていく。保育施設では、そのために必要な環境を保育者が整えることによって、質の高い保育が実現する。

図4－1は、保育所保育指針の記述をもとに、主体的な活動によって子どもが自ら育っていく過程をイメージしたものである。

保育所保育指針は、養護と教育を一体的に行うことが保育の特性であると定義している。

養護とは、「生命の保持」と「情緒の安定」を確保することである。つまり、子どもが、保育者とアタッチメントを形成し、生理的欲求（遊び、食事、排泄、休息）を満たされ、健康で安全・安心な生活が営めるようにすることを指している。

教育は、心身の発達を促されることを指している。ただし、学齢期のように大人から技能や知識を教わることを主とした教育ではない。乳幼児期の教育は、子どもが周囲の環境とかかわりながら、自らの旺盛な活動によって、心身の基本的な機能を獲得していくのを助け促すものと考えられている。この教育は、子どもの主体性（意欲・興味・関心）が原動力となり、獲得した力を使って次のチャレンジに向かっていくというように、それぞれのペースで進むものである。質の高い保育は、そんな一人一人の発達ニーズに対応し、かつ、第2章でも解説したよう

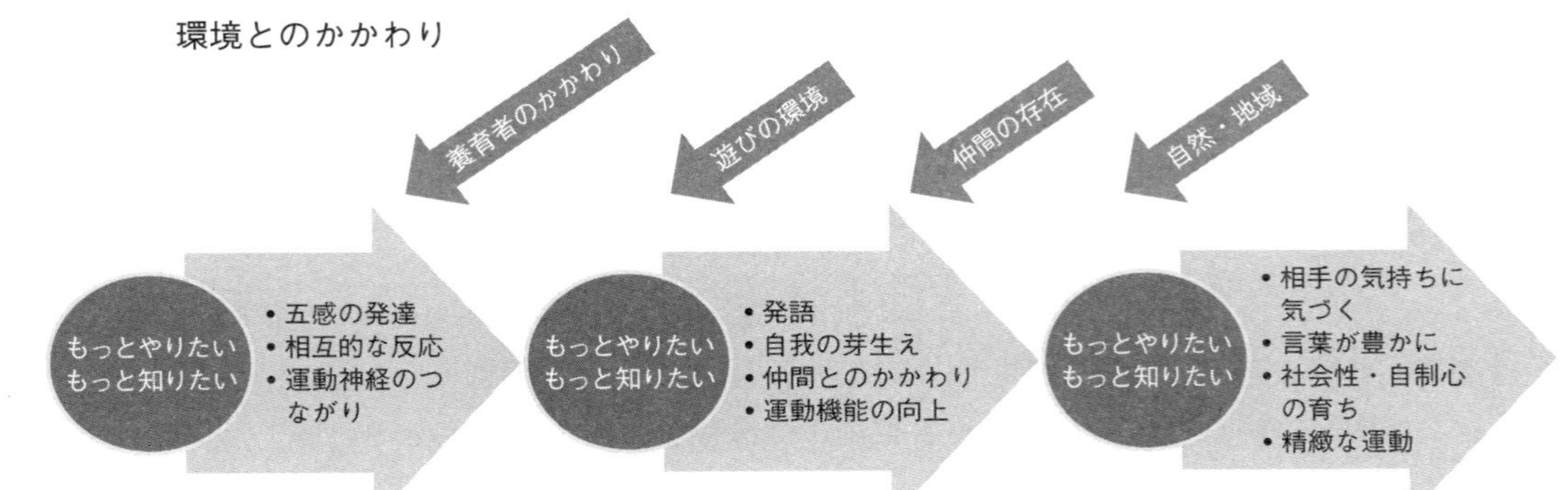

図4－1　主体的な活動による乳幼児期の育ち

に、子どもが仲間とかかわり育ち合うという集団保育のメリットも活かすものでなければならない。これは、簡単ではない。しかも、どこまでも理想を求められる奥行きのある世界になっている。

保育を「子どもを預かること」と単純にとらえている政治家や行政関係者は多い。その一方で、机を並べて文字や数を教えたり、整列させて体操を教えたりするのが幼児教育だと考えている人も多い。しかし、乳幼児期の教育は、もっと全人格的で子ども主体の営みであり、それを高い質で行うためには、保育者の観察力、発想力、そして保育者自身の意欲や主体性が求められる。

ここまで述べてきたアタッチメント形成や子ども主体の教育などを保育所保育指針が求めるレベルで行うためには、保育者に十分な専門性や経験値が必要であることがもっと広く理解されなければならない。

三・四歳を六対一で保育したペリー・プリスクール

幼児教育の重要性を示したものとして注目されたのが、アメリカのペリー・プリスクール(Perry Preschool)の社会実験である(「プリスクール」とは幼稚園など就学前教育を行う機関のこと)。

二〇〇〇年にノーベル経済学賞を受賞したシカゴ大学教授のジェームズ・J・ヘックマンは、この社会実験の分析から「幼児教育は国家にとって最も費用対効果が大きい教育投資である」と主張した。

日本では、二〇一九年に三歳以上児を対象にした幼児教育無償化を実施するにあたり、制度説明の中で、この社会実験の結果を理由のひとつとして示唆していた。しかし、その幼児教育がどんなものだったのかについては、何もふれられていなかった。

ここでは、その内容、特に質の面について説明しておきたい。

この実験は、アメリカ・ミシガン州の貧困地域であるイプシランティ市のペリー小学校附属幼稚園で行われた。一九六二年から一九六七年にかけて三・四歳の合計一二三人の子どもに二年間にわたり「質の高い幼児教育」プログラムを実施し、同じ地域でプログラムに参加しなかった子どもとともに、その成長を追跡した。その結果、高校卒業率、四〇歳時点での年収、逮捕歴など多くの項目で、プログラムに参加した群のほうが、参加しなかった群よりも顕著に良好な数値が現れた(図4-2)。

分析では、幼児教育プログラムが子どもたちの人生を変えたことによって、のちに国が社会問題に対応する費用(社会福祉、治安など)を減らし、税収を増やすことができたとし、事業の費

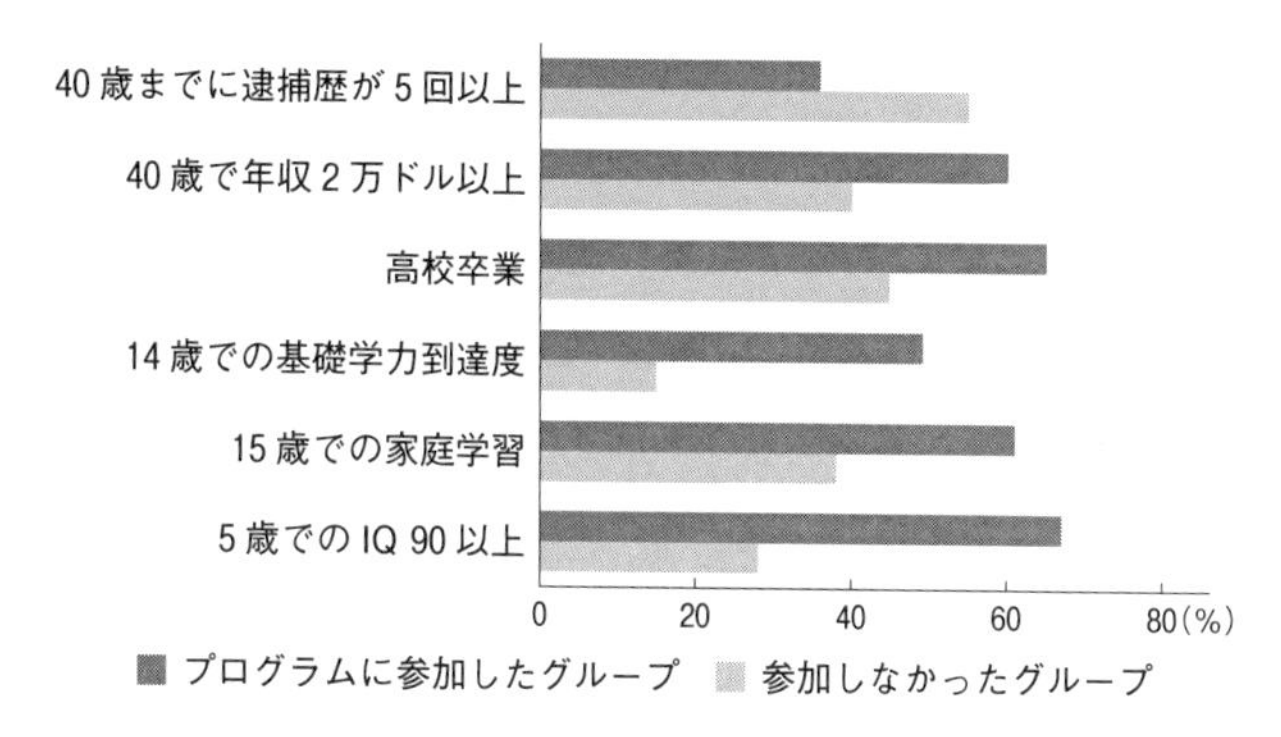

出所：Schweinhart, Lawrence J, *The High/Scope Perry Preschool Study Through Age 40*, High/Scope Press, 2004

図4-2　ペリー・プリスクールの社会実験における40歳までの追跡調査の主な結果

用一ドル当たり七・一六ドルのリターンがあったと試算している(事業の費用には、幼児教育に携わった教師の賃金などすべての経費を含めている)。この計算から冒頭のような結論が導き出され、世界中の注目を浴びた。

では、この「質の高い幼児教育」の内容はどのようなものだったのだろうか。

この幼児教育は、いわゆる幼稚園であり、週に五日間、一日二時間半の教育を行った。教師は大学卒で教員の資格をもっており、五〜六人の三・四歳児に一人の割合で配置された。また、教師には、公立学校の教員以上の待遇が与えられ、プログラムを実行するための研修も受けていた。プログラムの内容は、いわゆる知育ではなく、教師は子どもが自分で考えた遊びを行うことをサポートし、毎日、その振り返りをグループで行うようにした。グループへの参加は、子どもたちの社会的スキルを育むためだと報告書に付記されている。

また、週に一回は教師が家庭訪問をし、教師は親とのパートナーシップを重視してコミュニケーションをとるようにしたことが報告されている。このような家庭支援も、実験の結果に影響を与えたかもしれない。

いずれにしても、教師が一人で見る子どもの数が少なく、保育時間も短いので、教師はていねいに一人一人の子どものフォローを行えていたであろうことが推測できる。家庭に余裕がなく子育てにかける力が限られていたと思われる貧困地域で、このような子どもや家庭への支援が行われたことが親の子育てや子どもの育ちによい影響を与えたことは、直感的にうなずける。

ヘックマンがこのことを費用対効果として数値を使って実証し、その報告は各国の子ども政策に影響を与えることになった。

ヘックマンは著書『幼児教育の経済学』(古草秀子訳、東洋経済新報社、二〇一五年)の中で、格差が広がるアメリカ社会では、恵まれない環境で育つ幼少期の子どもに良質のプログラムを提供することこそ、子どもにとっての不公平を改善する最も効率的な策であることを強調している。またヘックマンは、他の研究者から長時間の保育が提供されることの効果について問われた際、母親が教育を受けたり仕事について家計資産を増加させたりすることが、子育ての質に長期的な向上をもたらし、子どもにとっての不公平を改善する可能性があることを認めつつ、「ただし、保育の質が重要である。子どもたちを一室に閉じ込めて質の悪い全日保育を施せば、かえって害になりかねない」とも答えている。

日本で幼児教育無償化が検討されたとき、ヘックマンの説についての詳細は顧みられたのだろうか。二〇一九年、当時の安倍政権(第四次)は目玉施策として幼児教育無償化を打ち出し、「公平性」を理由に、認可外も含め一一時間までの保育を無償化した。しかし、提供される保育の質を誰がどのように保障するのかについては十分な議論は行われなかった。

コロナ禍の調査から見える保育の実像

新型コロナウイルス感染症は日本でも二〇二〇年一月から感染拡大が始まり、私たちの生活に重大な影響を与えたが、二〇二三年五月から「五類感染症」に移行し、それに伴いさまざまな制約が解除された。

感染が急拡大した初期には、学校等も休校になり、保育園も登園停止になったり登園自粛が求められたりした。二〇二三年七月、この特別な状況をとらえて、コロナ禍が子どもの発達にどのような影響を与えたのかを調査した「新型コロナの流行と乳幼児の発達の関連」(アメリカ医師会発行の雑誌"JAMA Pediatrics" 2023, 177(9)に掲載。京都大学・筑波大学・慶應義塾大学・東京財団共同研究)という論文が、発表された。その内容には、保育の質について重要な課題が示されていたので、部分的に紹介しつつ、実際の状況とも照合してみたい。

この調査は、首都圏の自治体の協力を得て、域内の認可保育園(小規模保育を含む)の園児を対象に行われた。二〇一七年度から二〇一九年度にかけて一歳児クラスと三歳児クラスの計八八七人について調査し、コロナ禍となった二年後に二回目の調査を行った。この結果を分析して、コロナ禍を経験した群と経験していない群の「発達の状態」を比較している。

発達の状態の計測にはいろいろな方法があるが、この調査では「KIDS乳幼児発達スケール」が用いられた。これは全国三八都道府県の乳幼児約六〇〇〇名によって標準化された検査で、三歳未満は一四二項目、三歳以上は一三三項目の行動をできるかどうか評価し、できる項目の数によって発達年齢を算出する。

ちなみに、調査対象の自治体では、二〇二〇年四月中旬から六月中旬まですべての認可保育園を閉鎖し、保護者に保育園への登園を自粛するよう要請していた。保護者へのアンケートによると、通常週五・一日登園していた子どもが、非常時には週一・九日しか登園しなかったという。

分析の結果、五歳時点では、コロナ禍を経験した群に平均四・三九カ月の発達の遅れが見られたという。三歳時点では、明確な発達の遅れは見られず、反対に運動、手指の操作、抽象的な概念理解、対子ども社会性、対成人社会性など、発達が進んでいる領域もあった。

五歳児の調査結果について

論文の考察部分では、五歳時点での発達の遅れについては、保育園に行けなかったことや、園での活動が制約されたことにより、子どもの社会的環境が変化し、発達に負の影響を与えた可能性を指摘している。

私が実際に見聞きしたコロナ禍による保育の具体的な変化としては、登園の頻度が落ちたことに加え、保育者がマスクを着用しての保育を強いられたこと、消毒作業などで保育者の負担が大きくなったこと、子ども同士の活動に制約がかかったこと、食事中のだんらんが抑制されたこと、多くの行事が中止されたことなどがあった。

保育者のマスク着用については、子どもがこの時期、他者の表情を読み取りながらコミュニケーションをとる力や共感する力などを身につけていることを指摘し、マスク着用に警鐘を鳴らす専門家も多かった。行事については、中止したことで園生活がゆったりして子ども主体の保育が実現したという現場もあり、行事のあり方を見直す機会になった面もあったと思うが、子どもの協働的な活動が大幅に減少したことがネガティブな影響を与えた可能性もある。

三歳児の調査結果について

調査結果の考察では、コロナ禍を経験した子どもの三歳時点での発達に遅れはなく、進んでいる面もあったことについて、家庭での時間が増えたことによるポジティブな影響が一因として挙げられている。

私は、この点について実感することもあった。登園自粛期間中に「親子の時間をゆっくりもてた」といった保護者の感想が複数聞かれていた。しかし、登園自粛中に在宅勤務となった家庭からは「子どもを見ながらの仕事は無理。子どもにきつく当たってしまう」という嘆きを聞くこともあった。一方、保育現場からは「登園自粛で子どもの数が少なくなり、一人一人にていねいにかかわる保育ができた」という声も聞かれていた。

家庭の養育力と保育の質の関係

私がこの調査結果の考察で特に注目したのは、三歳時点の調査結果についての考察が、保育利用の負の影響についてふれていたことだった。その考察の根拠として、高所得者層を対象としたアメリカの先行研究に、三歳未満児の保育利用が発達に負の影響を与えたという結果があることが紹介されていた。

この先行研究の対象となった保育施設の保育の質がどのようなものであったかは不明だが、余裕があり「養育力」の高い家庭の環境に比べて相対的に力(保育の質)が不足していた可能性がある(家庭の「養育力」というのは、私が独自に便宜的に用いるものだが、たとえば親子で「一対一の相互作用の時間」が十分にとれる家庭の状況などを想定している)。

山口慎太郎・東京大学大学院経済学研究科教授の「二一世紀出生児縦断調査」(コラム10参照)を利用した分析では、二歳時点で保育を利用していた群が、利用していない群と比べて、言語発達面・問題行動(多動性・攻撃性)面での数値が良好だったというものがある。この分析でも、社会経済的に不利な要素をもつ家庭の群での改善率が有意に高く、社会経済的に有利な要素をもつ群では有意な差が認められない項目もあった(山口慎太郎『「家族の幸せ」の経済学――データ分析でわかった結婚、出産、子育ての真実』光文社新書、二〇一九年)。

三歳時点での調査結果の考察にはふれられていないが、私は、子どもの人数が減ったことによって保育現場の負担が軽減し「ゆったり保育できた」と保育者が語っていたことは無視できないと感じている。つまり平常時よりも保育の質が上がっていた可能性があるということだ。同時に、考察でもふれているように、家庭で「親子の時間をゆっくりもてた」こともポジティブな影響を与えたかもしれない。施設や家庭の状況はさまざまであり、すべての施設や家庭にあてはまるものではないが、コロナ禍により、保護者の仕事に使われる時間の総量が減った結果、家庭と保育園で子育てにかけるエネルギーの総量が増え、うまく分散されたことが影響していた可能性もあるだろう。

さらに、この論文の家庭の状況との関係を分析している部分では、親にうつ病の傾向がある場合、五歳時点での発達にコロナ禍の悪影響が増幅される傾向も見られたことを紹介し、これも家庭で過ごす時間が長くなったこととの影響と考察している。つまり、家庭の養育力が弱いときには、保育が介入することで、子どもの発達が助けられることを示唆している。

この調査は、保育の質との関係についても調べている。保育の質の評価には、「保育環境評価スケール」が用いられた。施設間で比較すると、保育の質は子どもの発達と正の相関関係があった。質の高い保育は、特に三歳時点でのコロナ禍の発達への悪影響を軽減したと考察されている。

また、全体に年齢を問わず、コロナ禍を経験した群は経験しない群よりも個人間・施設間の発達のバラツキが大きくなっていたことが明らかになっている。個人差については、コロナ禍のために、力が弱まっている家庭を保育が助けられなかったこと、施設差については、コロナ禍の対策が施設によって大きく異なったことが影響しているのではないかと考察されている。

これらのことを総合して考えると、次のようなことが確認できる。

つまり、保育の質が高ければ、家庭の養育力の強弱にかかわらず、子どもの発達をよりよく促すことができる。逆に、保育の質が低ければ、子どもをさまざまな悪影響から守る力も弱く、場合によっては、保育が家庭の養育に劣るという「三歳児神話」の復活を招きかねないということになる。

コロナ禍という特殊な状況下での観察ではあるが、この調査研究は、子どもの発達と保育の質の関係を改めて明らかにし、保育の質の重要性を浮き彫りにしている。

コラム10 二一世紀出生児縦断調査

二一世紀の初年に出生した子どもの実態、経年変化の状況を継続的に観察し、子どもや若者を取り巻く環境が、その後の進路選択などにどんな影響を与えるかを調査するもので、二〇〇一年から実施されている。

コラム11　保育環境評価スケール

アメリカで開発され、欧州やアジア諸国の保育所、保育行政や保育者養成・研修所などでも用いられている、保育の質を測定するスケール。空間や調度品、身の回りの世話の仕方、言語と読み書き能力、学習活動、相互作用、プログラム構成などの側面から、保育のプロセスの質と構造的な質の両方を評価する。

非認知スキルの育ちをどう支えるか

前述のペリー・プリスクール社会実験の追跡調査の分析をしたヘックマンが、幼児教育への投資とともに強く訴えたのは、非認知スキル(非認知能力)に注目することだった。子どもの教育について論じるとき、学力やＩＱなどの計測できる力(認知スキル・認知能力)にばかり注目しがちだが、社会で成功するためには非認知スキルも必要であること、非認知スキルが学力の向上も助けることに注目すべきであることを、前掲の著書の中で述べている。

ペリー・プリスクールの幼児教育を受けた子どもは、小学校入学後数年間は受けなかった子どもよりもＩＱが高かったが、やがて差がなくなったという。しかし、四〇歳時点の調査で前述のように顕著な差が出たということは、認知スキル以外の力の貢献が大きいのではないかと考えられた。

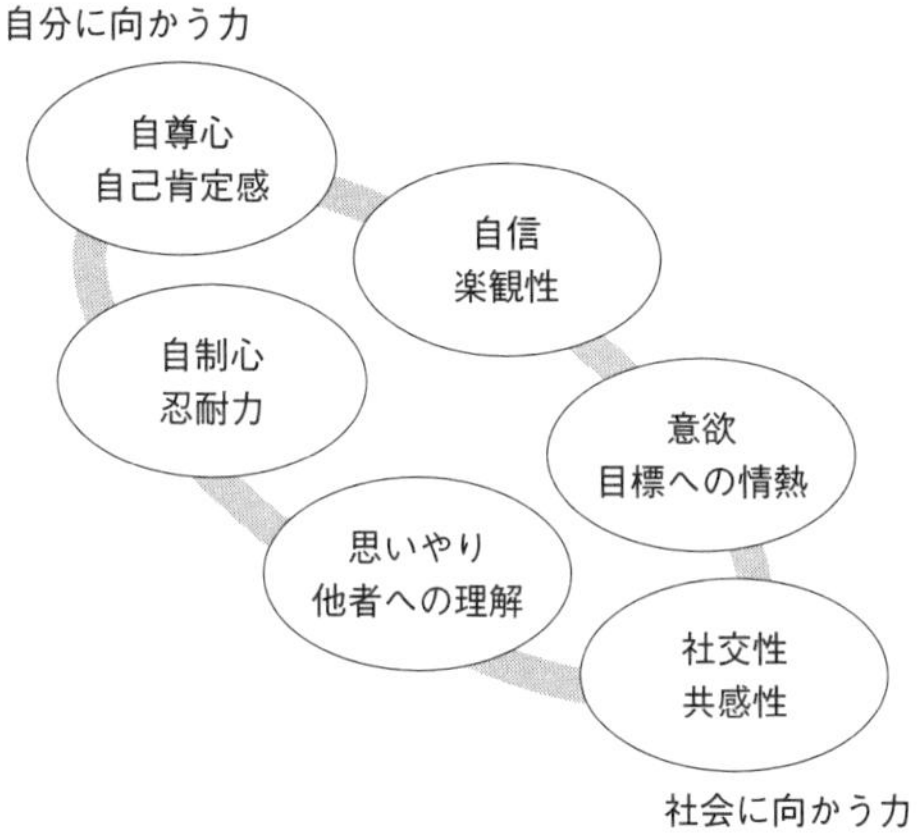

その非認知スキルとは、具体的にどんな能力を指すのか。説明にはさまざまなものがあるが、整理するとおおむね図4-3のようになる。

自分に向かう力
自尊心
自己肯定感
自信
楽観性
自制心
忍耐力
意欲
目標への情熱
思いやり
他者への理解
社交性
共感性
社会に向かう力

図4-3　非認知スキル(社会情動的スキル)のイメージ

ペリー・プリスクールでは、本体調査とは別に、子どもが自分のやりたいことをするプログラム(本体調査で実施したプログラム)と、学力の向上を目的とした授業形式のプログラム(教師が問題を出し正解した子どもをほめる)を実施して、それぞれのプログラムを受けた群を追跡調査で比較するという検証も行っている。すると、後者は前者に比べ一〇歳時点のＩＱが優位となったが、その後の学力は変わらなくなり、成人後は前者よりも社会的な適応能力が低い傾向が見られたという(問題行動、逮捕歴、学歴などの状況が分析された)。小規模な調査だったためか、広くは紹介されていないが、調査報告の最後には「後者は学校教育への準備としては近道であるように見えるが、学力の一時的な向上は、長期的な観点からの社会性の発達を犠牲にしているように見える」という見解があり、注目される。

このような結果からは、幼児期にその人格を尊重される経験が、非認知スキルの発達に寄与していることが想像される。反対に、このことは、不適切な養育を受けた子どもが社会への適応に困難をかかえがちであることと裏返しになっていることがわかる。

ＯＥＣＤは二〇一五年、社会情動的スキル(非認知スキル)についての報告書を発表している(“Skills for Social Progress THE POWER OF SOCIAL AND EMOTIONAL SKILLS” 無藤隆・秋田喜代美監訳『社会情動的スキル——学びに向かう力』明石書店、二〇一八年)が、その中で、社会情動的スキルと認知的スキル(認知スキル)は「スキルがスキルを生む」関係にあると論考している。社会

非認知スキル	保育者が援助する内容
自己肯定感 自己効力感 自　信	•アタッチメント •自分が尊重される体験 •人権を侵害されないこと
自制心 忍耐力 意　欲	•他者とのかかわり •気持ちを立て直す成功体験 •達成感，頑張って楽しかった体験
思いやり 他者理解 共感性	•自分が尊重される経験 •他者とのかかわり •他者と共感したり意思疎通する楽しさや喜び •他者と協働する成功体験

図4-4　非認知スキルを育む保育のイメージ

情動的スキルの発達が認知的スキルの向上を助け、認知的スキルの向上が社会情動的スキルをさらに強化するというような相互的な関係にあるということだ。

子どもの教育について考えるとき、非認知スキルをどう育むかは避けて通れないテーマになっている。そのために何をすればよいのか。これまでの認知スキル中心ではない考え方が求められている。ヘックマンは、幼児期の重要性を説いたが、保育所保育指針が示す保育内容は、その答えのひとつかもしれない。しかし、現場が保育所保育指針を実現できるような状態になっていなければ意味がない。

ちなみに、図4-4は、私が考える非

認知スキルを育む保育のイメージだ。非認知スキルはまさに大人や仲間とかかわり合う体験の中で育まれるのであり、その環境を安全に豊かに提供することが、いま保育に求められている。不適切保育は、これらとは逆方向のかかわりになる。

「早生まれ問題」に関する大人の責任

「早生まれは不利」ということはよく言われるが、差別や保護者の不安を増長する懸念からか、教育関係者の間でこの問題はタブー視されているように見える。しかし、一般のメディアなどで、各界で活躍する人物やスポーツ選手などに遅生まれが多いことが取り上げられることは少なくない。

実は、統計的に、学業成績や社会的行動のスコア、社会人になってからの所得などで、早生まれが月齢の高い群よりも低い値になったことを示す研究データはいくつも存在しており、これは単に俗説とはいえない。

論文「生まれ月がスキルやスキル形成に及ぼす影響」(山口慎太郎、伊藤寛武、中室牧子、経済産業研究所・ディスカッション・ペーパー 20-E-079、二〇二〇年一〇月)は、「埼玉県学力・学習状況調査」(公立小・中学校の生徒が対象)から得られた四年分ののべ一〇〇万人を超えるデータを分析している。

この研究では、調査のさまざまな項目にわたって月齢差を測っているが、顕著なものとして高校入試の結果における偏差値の差などもある。非認知スキル（統制性、自制心、自己効力感）についても分析し、出生月の影響があることを明らかにしている。これらの分析を通して、出生月が認知スキルと非認知スキルの両方に影響を与えていること、認知スキルでは学年が上がるにつれ月齢差が縮小するが、非認知スキルでは差がほぼ一定に保たれる傾向があることがわかった。

中学生の学校外での活動を見ると、早生まれのほうが学習塾をよく利用しているが、非認知能力を伸ばすとされるスポーツ、芸術、音楽に費やす時間が少ないこともわかった。これについて、結果の考察では、学業成績などに現れる認知スキルの遅れを取り戻そうとする努力が非認知スキルにネガティブな影響を与えている可能性を示唆している。さらに、出生月は学校の仲間や教師との対人関係にも影響を与えており、早生まれの子どもが対人関係に苦手意識をもちやすい傾向があることを指摘している。

これらは統計値の分析なので、早生まれの子どもがすべて当てはまるわけではない。個別には出生月の影響を受けなかったり乗り越えたりしている例も十分にあることは明言する必要がある。

しかし、統計に現れる早生まれの不利な状況は、「学年」という人為的なしくみによって生み出されているということについて、大人たちはもっと議論をしなければならない。日本では、三月生まれと四月生まれの間で段差が生じるが、海外、たとえば英米などでは八月生まれと九月生まれの間で段差が生じている。つまり、学年で区切られることで必然的に差が発生してしまう環境が、子どもに不公平な影響を与えているのだ。それが非認知スキルの重要な要素である自己効力感を育むことに関係している可能性は大きい。

保育の話に戻ろう。

ここまでの話をふまえても、保育の場での月齢差への配慮が非常に重要であることは言うまでもない。乳幼児期は、人生で最も著しく成長発達する時期であり、年齢クラスの中での月齢差は、学齢期と比べものにならないくらい大きい。たとえば一歳児クラスには、よちよち歩きの子どももいれば、走り回れる子どももいる。五歳児クラスになると、外形的な差は小さくなるが、心身のさまざまな面での発達の月齢差はまだまだ大きい。

集団生活の中で、保育者がクラスの子どもに一斉に何かをさせようとすると、当然、簡単にできてしまう子どもと、援助がないとできない子どもがいる。このとき、保育者が月齢差に配慮しなければ、月齢の低い子どもは常に最後までできない子ども、友だちについていけない子どもになってしまう。もっと拙いのは、「いつもできない子ども」に保育者がいら立ち、せかしたり、罰を与えたりすることだ。残念なことだが、余裕のない現場では、月齢の低い子どもが保育者から厳しく当たられるということは起こりがちだ。常態化して不適切保育に発展することもある。そんな周囲との関係が、子どもの心の発達に影響を与えることは十分に考えられる。

保育者は常に保育を振り返り、一人一人の子どもの生活や気持ちに目を向ける必要がある。月齢差に限らず、子どもにはそれぞれの個性があり、発達のペースがある。それを尊重できない保育が子どもたちに与える影響が罪深いものであることを、私たちはこの「早生まれ問題」からも学ばなくてはならない。

前掲論文の執筆者・山口慎太郎教授はウェブ記事(「早生まれは不利⁉　親ができることは「非認知能力」を伸ばす関わり方【経済学者提言】」二〇二一年二月二五日、出産・育児情報サイト「たまひよ」掲載)のインタビューで、早生まれの子どもの保護者に向けて、他の子どもと比べるのではなく、過去のわが子と比べるように助言している。できるようになったことを見つけてほめることが大切で、他と比べて遅れを取り戻そうと頑張ることを強いたりするのは逆効果になる。

保育者は、そんな不安をかかえる保護者と接し、ともに子どもを見守って保護者を支える役割も担っている。

ここまでのさまざまな研究成果を見ても、乳幼児期の子どもの育ちはデリケートであり、保護者や保育者との関係のみならず、集団の中での仲間との関係にも大きな影響を受けていることがわかる。

「習い事保育」は本当に付加価値なのか

人類は、複雑な社会を形成することで発展してきた。長い進化の過程で、そのために必要な能力をDNAの中に刻んできたのであり、乳幼児期から青年期まで、子どもはさまざまな体験を積むことで、その力を自分の中に発現させていく。子どもの集団が存在する園や学校の環境は非常に重要であり、保育者や教員は非認知スキルを育むことについて十分に注意を払う必要があるだろう。

近年、商業的な習い事サービスが隆盛となり、保育施設でも「習い事保育」を取り入れるところが増えている。保育園や幼稚園に講師を派遣する専門業者を保育園でもよく見かけるようになった。保護者は一部の園が「習い事保育」をアピールしているのを見て、それを魅力的な付加価値のように思ってしまう様子もうかがえる。つまり、子どものお世話をするだけの預かりが通常の保育で、「習い事保育」はそこに教育的な要素をプラスするお得なサービスというわけだ。

そう考えてしまう気持ちはよく理解できる。私たちはふだんの生活で常に、機能や価格を見比べながら商品やサービスを選んでいる。価格が高くても魅力的な付加価値がついていれば、納得する。同じ価格なら、付加価値がついているものを選んだほうが得と考えがちだ。

しかし、「習い事保育」の教育効果が本当に高いかというと、残念ながら大いに疑問だ。「習い事保育」の内容や、どんな人がどんなふうに教えているかにもよるが、子どもを並ばせて同じことをやらせ、よくできたらほめるというようなやり方は、乳幼児期の教育として効果的とは言えない。その理由は、ここまで紹介してきた保育の研究や理論からも推し量ることができる。

鹿屋(かのや)体育大学の森司朗教授らがつくる幼児運動能力研究会は、保育園・幼稚園の子どもたちの運動能力の計測を継続的に行ってきているが、二〇一六年度調査の報告書(「幼児の運動能力の現状と運動発達促進のための運動指導及び家庭環境に関する研究」)では、園での運動指導と子どもの運動能力との関係について次のようなまとめをしている。

「特定の運動の指導を行っていない園のほうが、行っている園よりも運動能力が高かった。この傾向は二〇〇二年、二〇〇八年の調査結果と同様である。また、外部の運動指導者より保育者が運動指導をしている園の幼児の運動能力が高かった」

あくまでも統計上の結果なので、運動指導を行っている園で子どもたちに高い運動能力が計測されることもあるだろう。しかし、全体的な傾向として、このような結果が出ていることは意味深い。

大人が仕切る運動指導では、その時間、子どもたちは並んだり待ったりする時間が長くなるため、友だちと自由に飛び回って遊んでいる状態よりは運動量も運動の種類も少なくなりがちだ。そのような時間が過剰になることは、運動能力の発達にとって必ずしもポジティブではないことは容易に想像される。

週に一回程度の短時間の運動指導であれば、それほどの影響はないのかもしれないが、「習い事保育」を売りにしている園では、回数や時間が長かったり、ほかにも大人が指導する「習い事保育」の時間があったりして、子どもの自由な遊びの時間が少なくなり、それが逆効果になっている可能性がある。

また、外部の運動指導者よりも保育者による運動指導が行われている園のほうがよい結果を出しているというのは、慣れ親しんだ保育者のもとで安心して楽しく運動しているということがよい効果をもたらしていることが推測され、ここまで見てきた知見と一致している。

英語教室の類も、保護者からやってほしいという要望があるようだが、内容や頻度によっては逆効果になることもある。楽しい「英語遊び」で済んでいれば問題ないが、たとえば、そのために自由な遊びの時間が大幅に減ってしまったり、子どもが楽しんでいなかったり、外部講師に子どもとの信頼関係を築く力がなかったり、英語だけで保育するなどの不自然な環境を子どもに強いていたりといった場合には、ネガティブな影響も心配される。子どもに慣れない外部講師が不適切なかかわりをしていたケースもあった。また、膨大な数の言葉のさまざまなニュアンスをインプットして母国語の言語感覚を豊かにしていく時期に、母国語の使用を制限する保育がよいとは思えない。

大人が一方的に指導する時間が長すぎなければ、また外部講師であっても、その人物が保育者としての資質を持ち合わせていて、子どもとよい関係をつくり、活動を楽しく活性化できるのであれば、「習い事保育」が「質の高い保育」と言える効果をもつこともあるだろう。

しかし、「習い事保育」がある園が教育的な園だという短絡的な捉え方は修正する必要がある。「習い事保育」をやっていなくても、乳幼児期の子どもたちは生活や遊びの中で旺盛に学んでいく。まさに、保育所保育指針が言うように、養護と教育が一体となっているのが保育であり、保育者が一人一人の子どもの発達や気持ちにそって子どもにかかわり、仲間とのかかわりや遊びの環境を提供できるかどうかが、保育の質（教育の質）を左右する。

有料サービス化による子どもの分断

いま懸念されるのは、二〇一九年の幼児教育無償化以降、「習い事保育」の月謝を集める認可保育園が現れていることだ。幼稚園は以前から保育終了後に有料の習い事を行う園があったが、認可保育園は夕方までが正規の保育時間であり、そもそも応能負担の保育料は、子どもが家庭の経済状態にかかわらず分け隔てのない保育を受けられるように配慮したものである。長い間、認可保育園の有料オプションは認められていなかった（実費徴収は認められていた）。しかし、幼保一体化や企業経営の園の増加により、それらの文化が認可保育園にも流入している。

今後のあり方については議論が必要だが、想起したいのは、前述の非認知スキルを育む視点だ。子どもの希望ではなく、家庭の経済状態や親の方針で保育内容が決められてしまうような保育でよいのだろうか。お金を払わなかった家庭の子どもは、お金を払った家庭の子どもたちが有料の「習い事保育」を受けている間、切り分けられて下の年齢クラスの部屋などで過ごしている。それを避けるためにしかたなく月謝を払って参加させている家庭もある。このような保育では子どもの主体性が尊重されないという問題もあるが、子どもが希望したわけではないのに仲間と分断されるというのは、子どもの自己像にどのような影響を与えるかが気になる。

そんなことは学齢期ではいくらでも起こってくることだが、乳幼児期はこういったことに特に配慮が必要ではないかと考えている。

質の高い保育は質の高い子育て支援を実現する

いま保育には、家庭の子育てを支援する役割も強く求められている。

二〇〇九年改定の保育所保育指針には、「保護者支援」(現在は「子育て支援」)の章が新設された。内容は、日々通ってくる在園児家庭への支援と、地域の在宅子育て家庭への支援の両方を含んでいる。背景には、子育ての負担感が少子化を助長していることや、児童虐待相談対応件数が増加していることへの懸念もあり、認可保育園(保育所)にもっと子育て支援の役割を担ってもらおうという意図があった。

私は、保育者を対象とした研修で、保育園等の「子育て支援力」について話すことが多い。もちろん子どもを預かり、保護者の就労を助けていること自体が大きな子育て支援ではあるが、

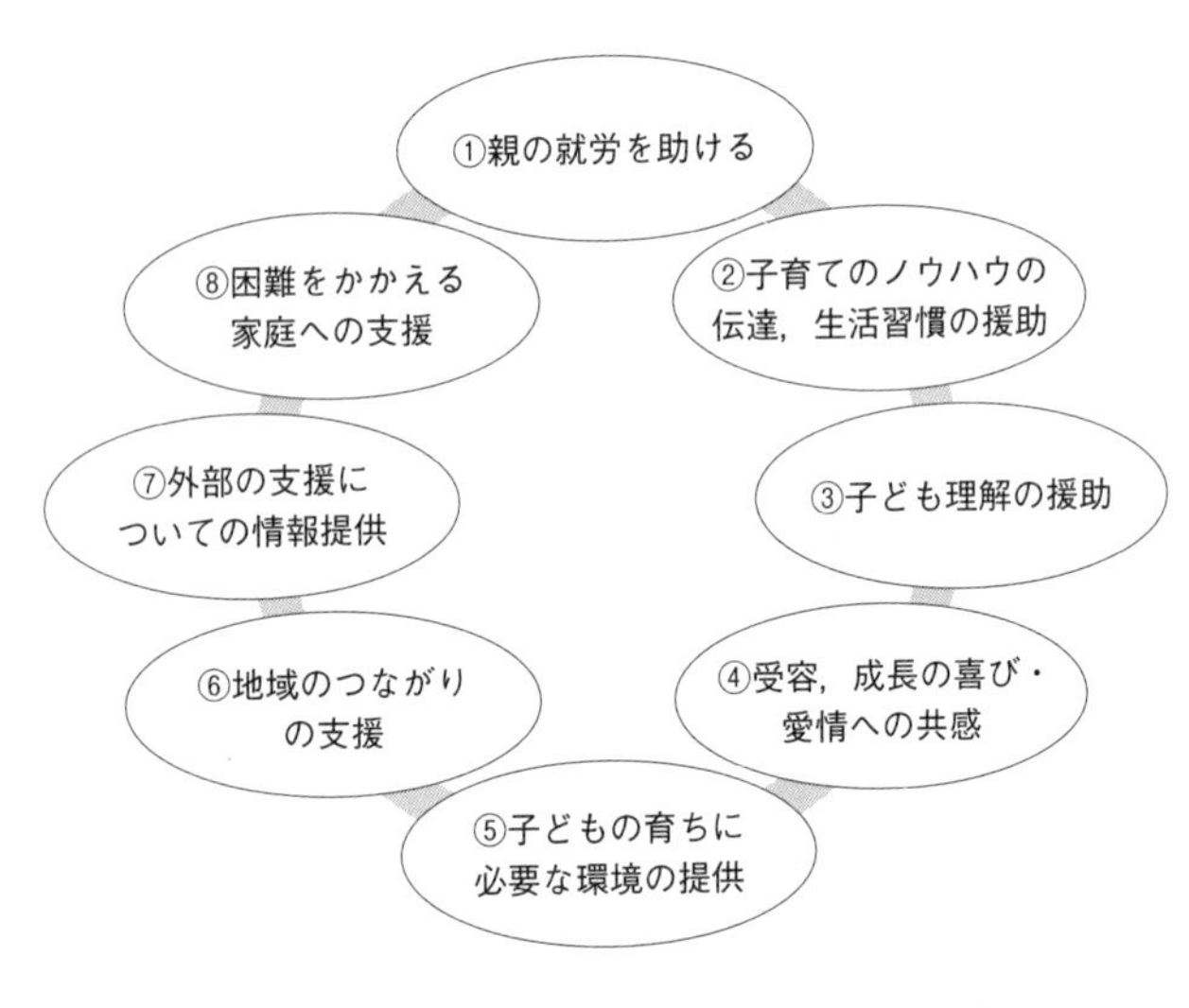

図４−５　保育園による子育て支援の８つの力

保護者の視点から次のようなポイントを挙げている(図４−５)。

① 親の就労を助ける

保護者が働くことを応援し、家庭の経済基盤を支える。

② 子育てのノウハウの伝達、生活習慣の援助

保育を通して家庭に子育てのさまざまな局面での対処法を伝えられる。子どもが生活習慣を身につけることも、その時期の発達特性に応じたやり方で、子どもが集団で生活する環境を生かしながら援助できる(第２章「「しつけ」「指導」という不適切保育」の項参照)。

③ 子ども理解の援助

身近に子どもの姿が少なくなり、社会全体で子どもへの理解が薄くなっている。保護者はその時期の子どもが必要としているかかわり、できることできないこと、わかることわからないこと、その先に予測される変化などがわからず、対応に疲弊し、子どもに無理な要求をしてしまうことも多い。保育者が保護者とともに子どもを見守ってくれ、ときに子どもの心身の状態や気持ちなどを保育者の視点から伝えてくれることで、保護者の子どもへの気持ちや向き合い方を変えられる。

④ 受容、成長の喜び・愛情への共感

保護者と保育者は連絡ノートや送迎時の会話などで日々コミュニケーションをとっている関係にある。その中で、保護者が保育者に、子どもを愛おしむ気持ち、成長を喜ぶ気持ちを共感してもらったり、自身の悩みや不安を受け止めてもらったりすることは、大きな心理的支援になっている。

⑤ 子どもの育ちに必要な環境の提供

家庭では、子どもが体を思いっきり動かせるような環境が室内外にない場合が多い。かつては路地や空き地、公園などで小学生にまじって幼児も群れ遊んでいるようなことも黙認されていたが、現代では幼児から保護者が目を離すことは許されておらず、地域で小学生の遊ぶ姿も非常に少ない。のびのびと遊べる環境、同年代の仲間とのかかわり、親以外の大人とのかかわりなどは、子どもの育ちに必要な環境だが、家庭や地域では得られにくくなっている。保育施設はその環境を提供することができる。

⑥ 地域のつながりの支援

保育施設は、地域の子育て家庭が出会う場所であり、保育施設が子どもをともに育てる関係をつなぐことで、保護者同士の交流や支え合いを支援することができる。

⑦ 外部の支援についての情報提供

在園児家庭や地域の子育て家庭に向けて、地域の子育て支援制度・サービスについての情報提供ができる。

⑧ 困難をかかえる家庭への支援

在園児家庭や園の子育て支援事業を利用する地域の子育て家庭の支援ニーズに気づき、相談に乗ったり、直接支援をしたり、関係機関の支援につないだりできる。特に、在園児家庭に対しては、日々の保育の中で小さなＳＯＳに気づいたり、親子を直接的に支援できる点が強みになる。

説明するまでもないが、これらの支援を適切に行えるためには、保育者の専門性や経験値が必要になる。保育園等で質の高い保育が実現していて初めて、これらの子育て支援が可能になる。

二〇二四年度から国は「こども誰でも通園制度」の試行事業を開始し、在宅子育て家庭の支援を強化しようとしている。この制度は、保育の必要性が認められないすべての生後六カ月〜三歳未満児を対象に、月一〇時間以上の保育を給付するもので、本格実施になれば全自治体が行うことになる(当初は月「一〇時間まで」としていたが短すぎるという批判もあり、「一〇時間以上」で試行事業を実施。本格実施は二〇二六年度の予定)。

こども家庭庁は、この制度について、単に「子どもを預かるサービス」ではなく、「すべての子どもの育ちを応援し良質な生育環境を整備する」ことを目的とした子どものための制度であるとしている。そして、子どもにとっての制度の意義として、先に挙げた②③④のような支援が、子ども本人にとってのメリットにつながると説明している。であればなおさら、保育現場にその余力を生み出す必要がある。保育園等の役割を拡大する前に現場の保育体制をしっかり整える必要があるだろう。

この章では、保育の質が支える子どもの発達や子育て支援の実情や課題について述べてきた。これらの課題は、保育者が日々、自らの専門性や経験、発想力を駆使して意欲的に保育に取り組んでこそ、乗り越えられるものだ。

私たちの社会が、子どもを豊かに育みたいと考えるのであれば、乳幼児期の子どもが育つ環境そのものでもある保育者に対して、それにふさわしい位置づけと待遇を提供する必要がある。それによって初めて、意欲的で適格な人材を集めることができる。保育士不足の状態では、保育の質も子育て支援の質も上げることが難しくなる。これはいま、不適切保育が次々に顕在化している背景と密接に関係している。

第5章

不適切保育のない社会へ

――子どもの育つ場をどう支えるか

「子どもの権利」がようやく表舞台に

一九九四年に日本が子どもの権利条約に批准したとき、国内では啓発のためのさまざまなイベントが開催されたが、実際のところ国の政策や人々の考え方がすぐに変わることはなかった。「子どもの権利」というと、「子どもに権利なんかもたせるとわがままになる」という意見が、政治家からも市井からも湧いてきたものだ。家庭や学校での体罰なども、罪の意識なく行われることがまだまだ多かったと記憶している。

しかし、その後徐々に社会全体の子どもに対する見方は変化してきた。国連・子どもの権利委員会の助言(数年に一度、各国政府等の報告に対する総括所見が発表される)もあり、条約にそった法改正や、児童ポルノ禁止法(一九九九年)、児童虐待防止法(二〇〇〇年)など、新しい法律の制定も進められてきた。

二〇一六年の児童福祉法改正では、第一条に「全て児童は、児童の権利に関する条約の精神にのっとり、適切に養育されること、その生活を保障されること、愛され、保護されること、その心身の健やかな成長及び発達並びにその自立が図られることその他の福祉を等しく保障される権利を有する」と、子どもを主語にして子どもの権利が書き込まれた。

子どもの虐待死や体罰死などの悲惨な報道が相次いだこともあるだろう。「子どもは厳しくしつけなければならない」「体罰も子どものため」という意見は、以前はかなり多くの人が口にしていたが、いまはあまり表立っては聞かれなくなっている。

虐待等が子どもの成長発達に与える悪影響について、脳科学等でも実証されるようになった。二〇一七年、厚生労働省はその知見をもとに、「子どもを健やかに育むために――愛の鞭ゼロ作戦」というパンフレットを作成し配布している(図５－１)。

パンフレットの中面には、保護者に向けて次のような項目についてのアドバイスが書かれている。

①　子育てに体罰や暴言を使わない
②　子どもが親に恐怖を持つとＳＯＳを伝えられない
③　爆発寸前のイライラをクールダウン
④　親自身がＳＯＳを出そう
⑤　子どもの気持ちと行動を分けて考え、育ちを応援

体罰・暴言は子どもの脳の発達に深刻な影響を及ぼします。

脳画像の研究により、子ども時代に辛い体験をした人は、脳に様々な変化を生じていることが報告されています。親は「愛の鞭」のつもりだったとしても、子どもには目に見えない大きなダメージを与えているかも知れないのです。

●子ども時代の辛い体験により傷つく脳

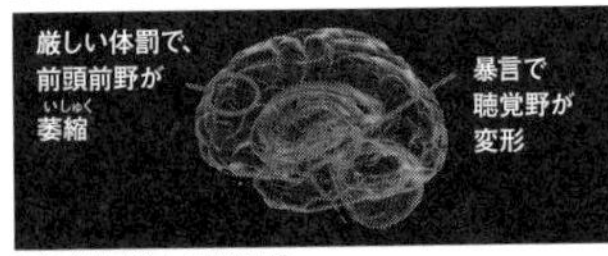

提供：福井大学 友田明美教授

・厳しい体罰により、前頭前野（社会生活に極めて重要な脳部位）の容積が19.1%減少
(Tomoda A et al., Neuroimage, 2009)

・言葉の暴力により、聴覚野（声や音を知覚する脳部位）が変形
(Tomoda A et al., Neuroimage, 2011)

体罰は百害あって一利なし。子どもに望ましい影響などもたらしません。

親による体罰を受けた子どもと、受けていない子どもの違いについて、約16万人分の子どものデータに基づく分析が行われています。その結果、親による体罰を受けた子どもは、次のグラフのとおり「望ましくない影響」が大きいということが報告されています。

●「親による体罰」の影響

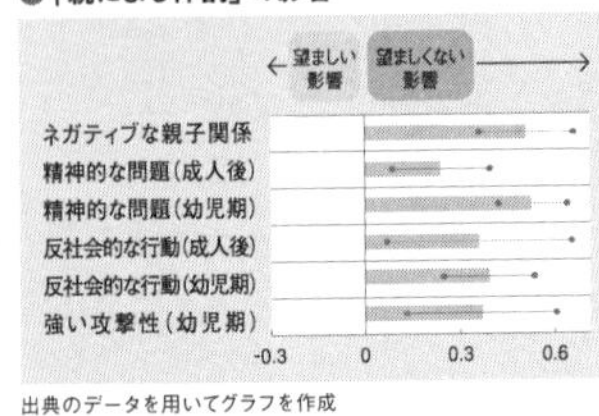

出典のデータを用いてグラフを作成

・親子関係の悪化
・精神的な問題の発生
・反社会的な行動の増加
・攻撃性の増加
(Gershoff ET, Grogan-Kaylor A, J Fam Psychol. 2016)

既に子どもへの体罰等を法的に全面禁止している国は世界50か国以上！

国連「子どもの権利条約」では、締約国に体罰・暴言などの子どもを傷つける行為の撤廃を求めています。

グラフのデータ出典：「妊産褥婦健康診査の評価および自治体との連携の在り方に関する研究」(研究代表者 立花良之)，「母子の健康改善のための母子保健情報利活用に関する研究」(研究代表者 山縣然太朗).

出所：厚生労働省「子どもを健やかに育むために――愛の鞭ゼロ作戦」2017年5月(平成28年度 厚生労働科学研究費補助金 健やか次世代育成総合研究事業)

図5-1 厚生労働省のパンフレットに示された虐待による悪影響の実証データ

子どもを虐待した親が「しつけだった」と主張することが多いことから、二〇二二年には民法の懲戒権が廃止された。懲戒権は、民法が親権のひとつとして認めていたもので、親が子どもを監護教育するために子どもに身体的もしくは精神的な苦痛を与える私的な懲罰と定義されていた（昭和三五年二月一三日東京高等裁判所判決）。二〇二二年の民法改正では懲戒権の削除とともに、「親権を行う者は、前条の規定による監護及び教育をするに当たっては、子の人格を尊重するとともに、その年齢及び発達の程度に配慮しなければならず、かつ、体罰その他の子の心身の健全な発達に有害な影響を及ぼす言動をしてはならない」（第八二一条）という新しい条文が追加された。同時に改正された児童虐待防止法も、体罰禁止を明確に記述した。

子どもは小さくても大人と同じ基本的人権を有していて、その人格を尊重される権利をもっているという理念や感覚が、法制度にも社会にも、徐々に、しかし確実に広がってきた。

このような変化は、ここ三〇年くらいの間に大きく進んだと思われる。

私は保育士を対象とした研修で不適切保育にふれることがあるが、「これくらいのこと、昔はよくあったと思われる方もいらっしゃるかもしれませんが……」と話すと、会場でかすかにうなずいている空気が感じられる。かつて家庭でも体罰が黙認され、多くの保育施設で子どもに言うことを聞かせるために罰を与えるのは、保育の手法のひとつでもあったのだろう。待機

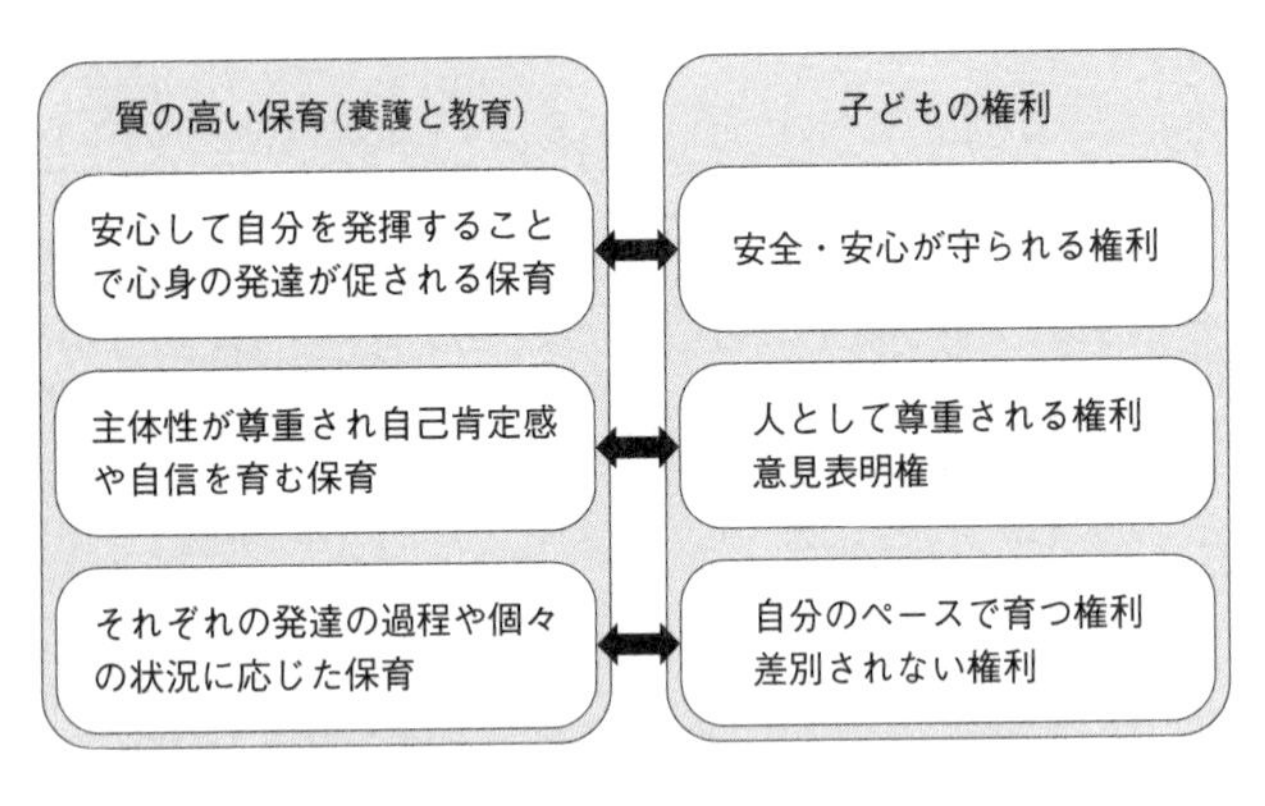

図5－2　質の高い保育と子どもの権利の関係

児童対策が急激に進められる中で保育環境が悪化し、「そうせざるをえない」状態になってしまっていた施設もあったと思う。

しかしこれからは、それではいけない。子どもの一人一人を尊重する保育ができるように保育の体制を整えなければならない時代に入ってきている。

一人一人を大切に育む時代

前章では、乳幼児期の子どもの育ちの環境としての保育の質の重要性について、さまざまな実証研究なども紹介しながら述べたが、これらの知見から考えられる質の高い保育と、子どもの権利を保障することとは、矛盾なくつながっている（図5－2）。

保育や教育に関する議論で、子どもが主体的に考えられることを重視する傾向は、非認知スキルが注目されて以降、より顕著になってきている。

二〇二〇年施行の学習指導要領でも、「生きる力」とともに「主体的・対話的で深い学び（アクティブ・ラーニング）」という言葉が強調された。文部科学省のパンフレット「生きる力　学びの、その先へ」は「これからの社会が、どんなに変化して予測困難になっても、自ら課題を見付け、自ら学び、自ら考え、判断して行動し、それぞれに思い描く幸せを実現してほしい」と呼びかけている。ＡＩ（人工知能）が人間の仕事を代替するような変化の激しい社会を考えたとき、知識や技能を習得する教育だけでは不十分だと考えられていることがわかる。子どもが自分で考える意欲や主体性を身につけることが重視されている。そして、子どもが教師や仲間とともに話し合ったり考えたりする中で、新しい発見をしたり発想を広げられるような教育の場がめざされている。

学齢期では、知識や技能の習得のための教育がどうしても大きな比重を占めるが、その教育を支える力として、子ども自身の主体性や人とのかかわりによって育まれるもの、つまり非認知スキルの重要性が強調されるようになったとも見ることができる。

このように時代の認識は変化している。子どもを集団で束ねて号令で動かし、大人が一方的に教え込んでいくような教育は、幼児期においても、学齢期においても、もはや時代遅れになっている。

動き出した保育士配置の改善

このような教育観に基づく保育を行うためにも、繰り返しになるが、まず保育者の人手を厚くすることが必要だ。不適切保育を呼び込むような保育体制であってはならない。

二〇二二年一一月末の裾野市の不適切保育問題の炎上からおよそ一年、現場から配置基準の改定を求める切実な声が次々と上がり、国はようやく基準の改定に動いた。二〇二三年一二月、岸田内閣は「異次元の少子化対策」の具体策として「こども未来戦略」を発表し、二〇二四年度より、四・五歳児の配置基準(子ども対保育士)を三〇対一から二五対一に改定することを発表した。また同時に、配置改善加算を実施してきた三歳児一五対一も基準として改定すること、一歳児五対一への改定も検討することなども発表している。これらは最低基準の改定となるが、保育士不足を配慮して、当面の間、従来の基準で保育することも経過措置として認めることになっている。

「保育園を考える親の会」の調査「一〇〇都市保育力充実度チェック」二〇二三年度版では、都市部の一〇〇の市区が保育士配置をどのようにしているかを調べている(図5-3)。各自治

[2023年度(基準改定前)の100市区の状況]

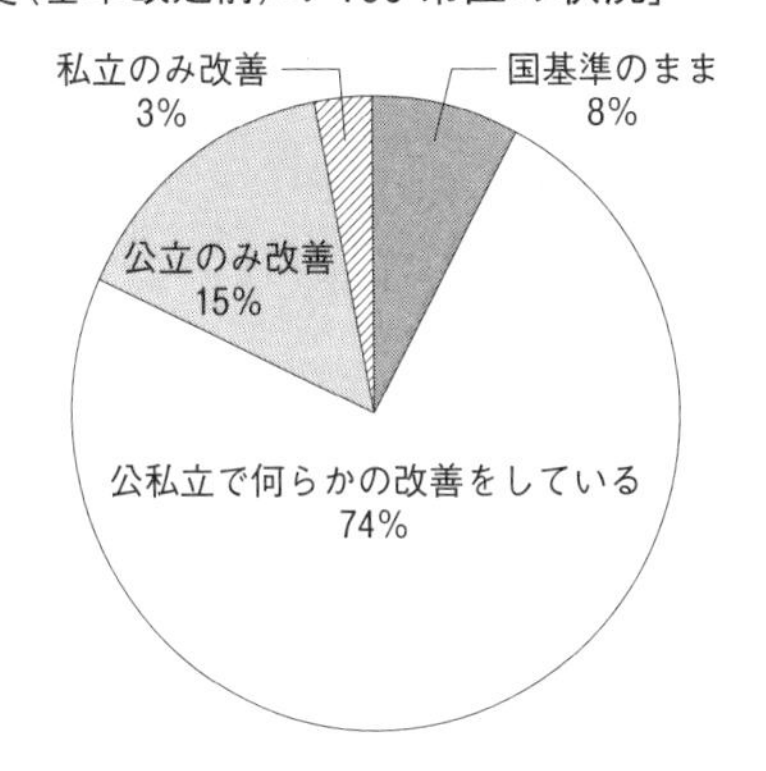

年齢クラス	2023年度での国基準	国基準よりも比率を改善している自治体
0歳児	3対1	1
1歳児	6対1	86
2歳児	6対1	6
3歳児	20対1	61
4歳児	30対1	29
5歳児	30対1	25

1歳児への配置を改善している自治体は86市区．ただし，公私立全園で改善できている自治体は41市区．
配置割合は，61市区が5対1，17市区が4対1，ほか4.5対1や3対1も見られた．

3歳児への配置を改善している自治体は61市区．ただし，公私立全園で改善できている自治体は20市区．
配置割合は，50市区が15対1，8市区が16対1〜18対1，3市区15対1以上．

4・5歳児への配置を改善している自治体のうち，公立のみとする自治体が14市区あった．
配置割合はバラツキがあり，20対1〜28対1の間．

出所：保育園を考える親の会「100都市保育力充実度チェック」2023年度版より作成

図5-3　都市部100市区における保育士配置の改善状況

体に国基準よりも保育士配置を改善(上乗せ)しているかどうかを回答してもらった。この調査では、条例の基準によるものも、補助金や改善加算によるものも、実態として上乗せを実施していれば改善ととらえている(子ども対保育士の比率以外の部分での加配は含まない)。

自治体によってどの年齢クラスを改善しているかはさまざまだが、何らかの改善を行っている自治体は九二市区に上った。

三歳児については、三歳児配置改善加算が行われてきたことで、ここまで改善が進んでいる。しかし、加算が始まった二〇一五年から八年たっても、全園での改善とはなっていない。基準として徹底されない限り、自治体の考え方や財政状況、園経営者の考え方、保育士不足の状況などによって、実施状況にバラツキが出てしまうということだ。

配置基準が改定されることは大きな進歩だが、経過措置が長引けば、従来基準のままの園が残る可能性がある。また、四・五歳児の二五対一という基準もまだまだ十分な配置ではない。先進各国では、一人の保育者の担当する子どもを十数人までとする国も多い。さらなる改善も視野に入れなければならない。

徐々に進んできた処遇改善

保育士はかつて女子の人気職業だったが、いまは志望者が減少している。この現状をなんとかしなければ、せっかくの配置基準の改定もすべての現場で実現するのが難しくなる。

現場を離れた保育士の多くが、理由として「給料が安い」「仕事量が多い」「労働時間が長い」などを挙げていることはすでに紹介したが、保育士配置を増やすことと処遇改善は、保育士確保策の車の両輪にあたる。これらは相互に影響を与え合うので、両方を同時に回して現状を打開しなければならない。

認可の保育施設は自治体から給付費を受け取って運営しているが、その額は国が決める公定価格に基づいて算定されている（給付費の財源は自治体と国が按分して負担している）。保育士等の人件費も、この公定価格に従って計算されている。そのため、処遇改善を行うためには、まずこの公定価格を上げていかなくてはならない。

国は二〇一三年から保育士の処遇改善等加算Ⅰを開始し、二〇一五年から公定価格に組み入れて恒久化した（恒久化とは一時的な措置ではなく継続する制度として実施するということ）。図5－4はその改善率の積み上がり状況をグラフ化したものだ。

公定価格の保育士人件費は、国家公務員の俸給に連動しており、民間給与に合わせて国家公務員の給与水準を調整する人事院勧告によって上下するが、図5－4で見るとおり、その改善

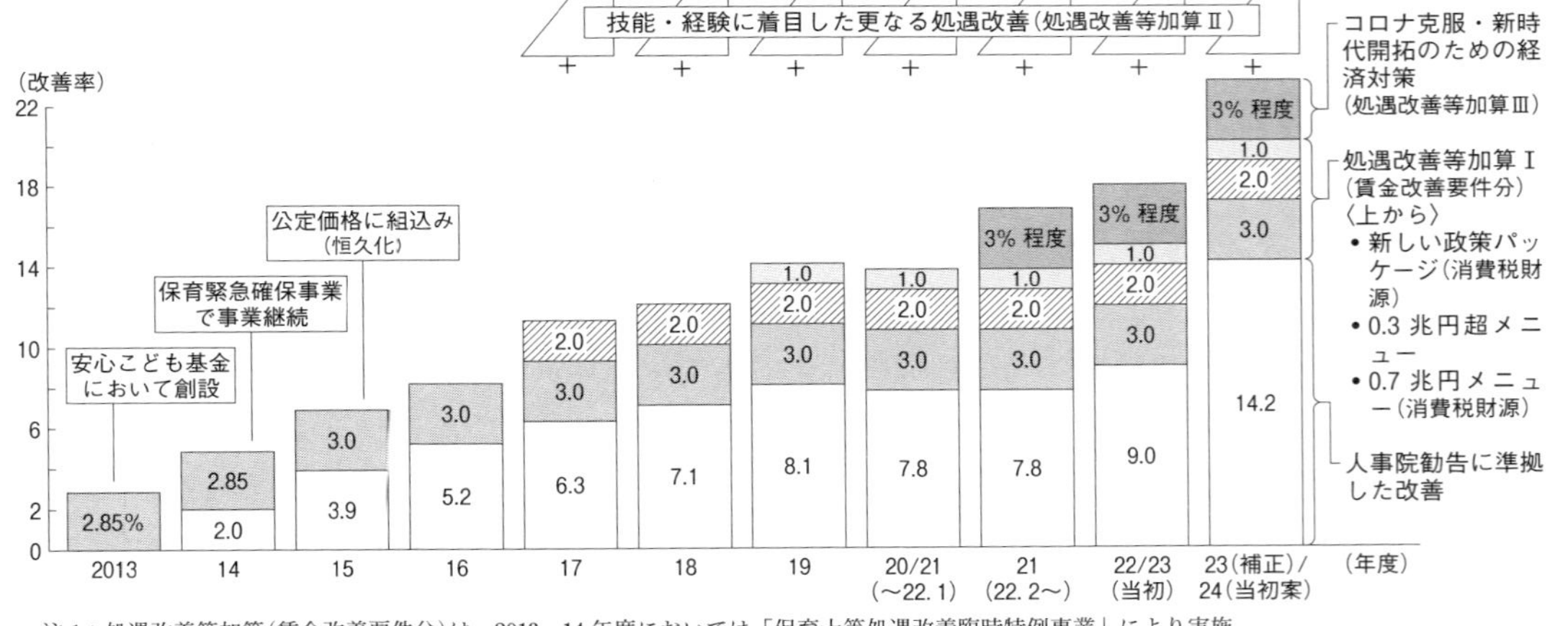

注 1：処遇改善等加算（賃金改善要件分）は，2013，14 年度においては「保育士等処遇改善臨時特例事業」により実施.
注 2：各年度の月額給与改善額は，予算上の保育士の給与改善額.
注 3：上記の改善率は，各年度の予算における改善率を単純に足し上げたものであり，2012 年度と比較した実際の改善率とは異なる.
注 4：「コロナ克服・新時代開拓のための経済対策」による処遇改善は，2022 年 2～9 月は「保育士・幼稚園教諭等処遇改善臨時特例事業」により実施．同年 10 月以降は公定価格により実施（恒久化）.
出所：こども家庭庁「公定価格の処遇改善等加算Ⅰ～Ⅲの一本化について」（2024 年 2 月 19 日）より作成

図 5－4　保育士等の処遇改善の推移

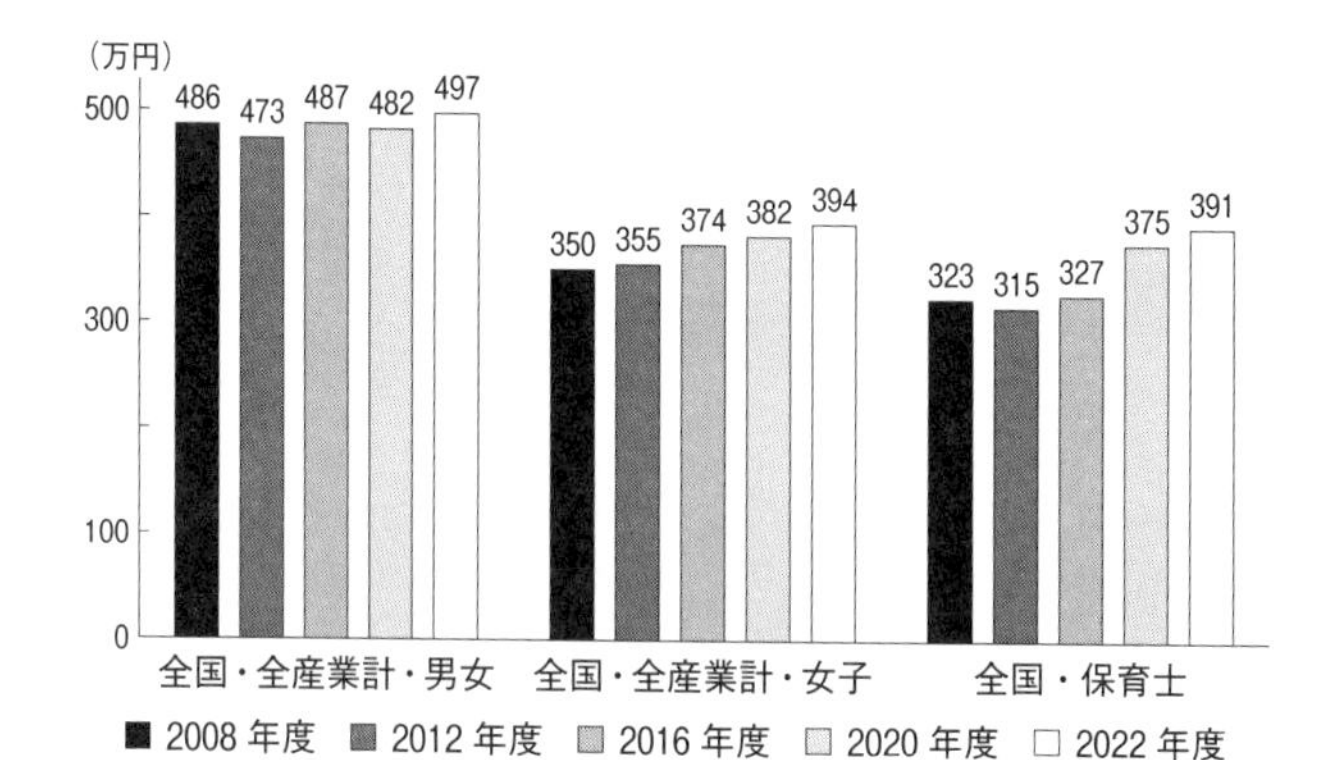

出所：厚生労働省「賃金構造基本統計調査」(各年度版)より作成

図 5－5　賃金構造基本統計調査に見る保育士賃金の状況（4〜2 年間隔，年収）

率が最も大きい。この部分は、もともと上がるべき部分だが、それに加えて、平均勤続年数などの要件に応じて加算される処遇改善等加算Ⅰ、リーダー職等の保育士が規定の研修を受けることで加算される処遇改善等加算Ⅱなどが行われており、月額九〇〇〇円の賃上げと呼ばれて行われていた補助も二〇二二年に処遇改善等加算Ⅲとして恒久化された。二〇二四年二月、国はこれらの加算制度を利用しやすくするため、一本化する方針を示した。

なお、これらは予算額での改善率であり、実際の保育士の賃金の上昇率ではない。

賃金の実態調査で見ると、図5－5のようになる。全数調査ではないが、賃金構造基本調査の保育施設等で働く保育士の賃金を調べた数字を年収に換算している。

それぞれ毎月支給の給与の一二カ月分と賞与を足し合わせて年収を算出した。二〇〇八年度から二〇二〇年度までは四年間隔、二〇二〇年度と二〇二二年度は二年間隔で数字をとっている。左端のグラフ群は全国・全産業の男女の平均、真ん中のグラフ群は全国・全産業の女子の平均、右端のグラフ群は全国の保育士の男女の平均を示している。

二〇二二年度では、全国・保育士の平均年収は、全国・全産業・男女の平均と一〇〇万円以上の差があるが、同・女子の平均とは差を詰めてきてほぼ同水準に追いついたことがわかる。二〇一二年度からの一〇年間の上昇率は約二四パーセント。全国・全産業の男女平均が一〇年間で約五パーセントしか上昇していないので、相対的に改善したとは言えるが、専門職の賃金として十分とは言えない。

なお、図5-4の予算での改善率は認可の保育施設のものであり、図5-5の平均年収額は賃金構造基本統計調査の調査事業所の種別が不明のため、認可外等が含まれている可能性がある。

改善分が保育士に確かに届くために

保育士の処遇改善が進むためには、これらの公費から人件費として施設に給付されているお金が確実に職員の給与に使われる必要がある。その点について、現行制度は不十分ではないかという指摘がある。

第２章で解説したように、認可の保育施設に給付される運営費（私立認可保育園については委託費ともいう）は、保育士などの人件費、給食の費用や光熱費、保育材料費その他、運営にかかる種々の費用を基準に従って積算し、それぞれの施設に渡される額が決められている。

以前は、施設が運営費を使う際に、原則、各費目の支出は定められた使途以外の経費に充てることはできないことになっていたが、二〇〇〇年に認可保育園への企業参入が認められるにあたって、運営費等の弾力運用が認められるようになった。これにより、人件費として給付されるお金を他の費目に使ったり、系列園の施設整備に使用したりすることも可能になった。子ども・子育て支援法が施行された二〇一五年には、株主への配当も認められるようになった。待機児童問題が深刻になる中、事業拡大意欲が旺盛な企業に参入してもらうことが有力な解決策と考えられたためだ。

こうして保育士の給与に使われるべきお金が他に流れるようになったことも、保育士の処遇に悪影響を与えた。

私は二〇一〇年代、保育施設の運営事業者の審査を行う仕事をしていた時期があるが、ざっくりと見て、保育事業者の人件費率は、社会福祉法人で六〇パーセント台から八〇パーセント台、株式会社で四〇パーセント台から六〇パーセント台程度になるところが多かった。特に、毎年複数の施設を新設するような事業拡大が著しい事業者には人件費率が低いところが目立った。つまり、こういった事業者は、既存施設の運営費から事業拡大の費用を捻出していることになる。国や自治体は待機児童対策に協力してもらうために、それを黙認してきたのであり、ここにも保育の質よりも量を優先してきた時代の傷跡が見られる。

このような経緯に反省があったのか、国は処遇改善等加算を行うに当たり、加算額が保育士にわたるように職員の経験年数や職務内容などの条件を課している。また、国が処遇改善等加算Ⅰを恒久化した二〇一五年、東京都も独自の保育士処遇改善策として東京都保育士等キャリアアップ補助金を開始したが、受け取った事業者に対してその使途の確認も行っている(財務諸表の提出、訪問調査など)。

東京都のこの補助金は、条件に該当する施設に保育士一人あたり月四万円以上の人件費を補助するというもので補助自体が大きな効果をもつものだが、これの支給とセットで運営状況の確認を行っているのは、事業者の姿勢を正す意味でも重要な意味をもっている。

運営費等の弾力運用に関しては、すべてをがんじがらめに縛ることがよいとは思わない。それぞれの施設で施設設備の修繕や改善をどうするかの計画があり、利用者減少時に雇用を継続するための備えなども必要になる。良質な保育を維持するための適度な資金繰りの工夫は認められなければならない。しかし、保育士の処遇や子どもの環境に悪影響を与えるような運用に関しては、これまでのような緩すぎる対応を改め、子どもの利益のためという本来の目的にそって運用されるよう、行政が積極的に介入していかなくてはならないだろう。

不正・不祥事の被害者は子ども

多額の公費を受けて行われる事業には、しばしば不正が発生する。

二〇一七年四月、兵庫県姫路市の地方裁量型認定こども園が、数々の法令違反を指摘されて認定取り消しとなった。この施設は、市に届け出ていた児童以外にも自由契約児を預かっていたが、人数分の給食を用意しなかったため「おかずは子ども一人にスプーン一杯だった」という話がセンセーショナルに報道された。ほかにも保育士の水増し、不当な労働契約など、数々の不正が明らかになっている。幼児の食事が必要な栄養基準を満たしていなかったこと自体、子どもたちにとって大きな不利益だが、保育士の人数の不足も保育の質に響いていたことは間違いない。姫路市は、給付費を詐取されたとして園長を告訴したが、実際の被害者は子どもだった。

ここ数年、不適切保育とともに頻繁に報道されるのが、保育施設の不正受給問題だ。全国展開する大手保育運営会社の事件も含め、どこかの自治体で発覚し他の自治体にも波及するということが立て続けに起こっている。特に、実際には配置していない職員を配置しているかのように偽って申請して不正に給付費を受け取る例が多い。これはお金の問題だけではない。給付された分の保育士が配置されていれば実現するはずだった保育の質が実現しなかったということであり、子どもの利益が損なわれているということだ。こうした現場では、不適切保育が同時に発生している例も見られ、保育現場のモラルの低下にもつながっている。

残念なことに、このような状況にもかかわらず、二〇二三年三月、自治体が保育施設を検査(監査)する指導監査の制度について規制緩和があった。それまでは、年に一回、施設が基準を遵守しているかどうかを実地に検査することが自治体に義務づけられていたが、改正により、一定の要件を満たす場合には、この実地での検査を書面での検査に替えてもよいことになった(「児童福祉法施行令の一部改正」令和五年三月二七日政令第七七号)。一定の要件とは、天災その他のやむをえない事情がある場合や、当該施設の前年度の検査結果などから実地検査が必ずしも必要ではないと判断される場合とされている。

この改正は、地方分権改革の一環として内閣府が募集している自治体からの提案に端を発している。新型コロナウイルス感染症の蔓延で実地検査が困難というのが提案理由だった。保育施設の事故や不祥事が続発する中、二〇二一年一二月に最初のパブリックコメントが募集されたが、保護者や保育事業者、監査担当者からも反対の声が上がった。改正は延期され、三度ものパブリックコメントがとられた。「保育園を考える親の会」はその都度、反対の意見を提出したが、結局、改正された。改正が施行されたとき、新型コロナウイルス感染症は五類感染症に移行していた。

前述の姫路市の地方裁量型認定こども園の事例は定期の指導監査で施設長を面接した自治体職員が疑問をいだき、その後、兵庫県と合同での特別監査を実施したことで発覚している。施設からの提出書類は完璧だったということなので、実地検査がなければその後も不正が続いていたかもしれない。自治体職員が施設を訪ねて、その場で書類を確認したり、現場を見たり、働く人と対面したりすることは非常に重要だ。「百聞は一見にしかず」とはまさにこのようなことを言う。書類だけでは、不明点があったときの確認にたぶんかえって手間がとられるだろう。それが面倒で、検査がずさんになっていくことも懸念される。

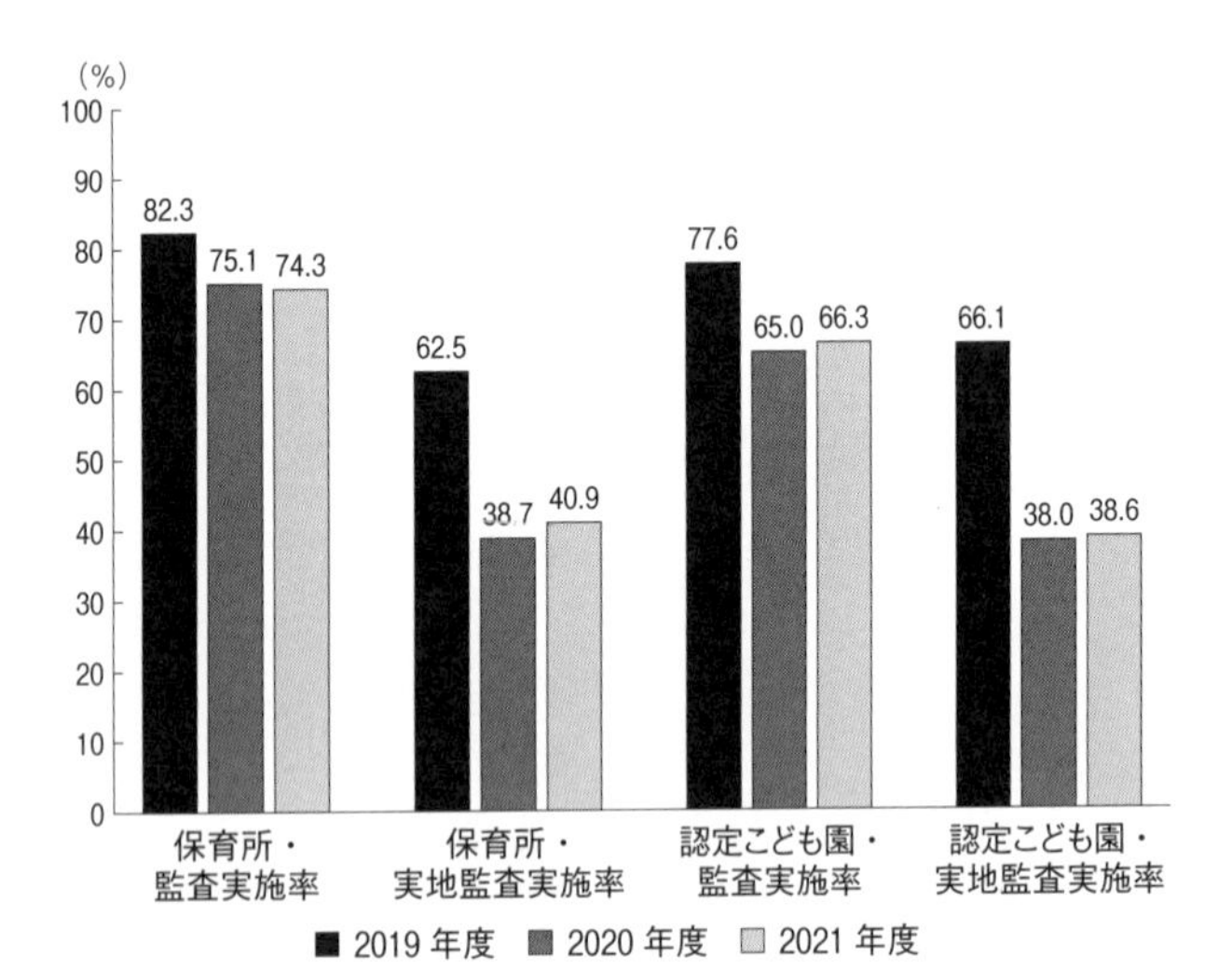

出所等：保育所の数値は，厚生労働省・こども家庭庁「児童福祉行政指導監査等の実施状況報告(令和元〜3 年度)」より抽出．実施主体は都道府県，政令市，中核市，児童相談所設置市(令和元年度を除く)で，実施率は全自治体の平均値．認定こども園の数値は，内閣府・こども家庭庁「認定こども園の施設監査の実施状況(令和元〜3 年度)」より抽出．実施主体は都道府県で，実施率は全自治体の平均値(4 類型合計)

図 5－6　指導監査の状況(2019〜21 年度)

「保育園を考える親の会」が改正に強く反対した理由は、もちろん子どもの安心・安全に行政が責任をもってほしいという保護者としての願いからだったが、そもそも指導監査の実施率がすでに低迷していることもあった。

図5－6は、保育所や認定こども園の指導監査の実施率をグラフ化している。監査実施率は、書類のみの監査も含んでいる。実地監査実施率は、実地で実施さ

れた監査の実施率になっている。いずれも自治体が監査責任を負う全施設数を母数としている。二〇二〇年度は新型コロナウイルス感染症の蔓延が始まった時期で、実施率が急減するのはやむをえないとしても、その影響がまだないはずの二〇一九年度で実地監査の実施率は六〇パーセント台にとどまっている。

すでに国が定めた義務を達成できていない状態が漫然と続いている中でのこの規制緩和は、将来に禍根を残すかもしれない。地方分権は重要だが、保育の質に地域格差があってはならず、全国の子どもが等しく質を確保した保育を受けられるように、国には最低限度のところをしっかり押さえてもらいたいと思う。コロナ禍の影響を脱した今後の実施率がどうなるかが注目される。

「見える化」は実現するのか

指導監査とは別に、国では公定価格の検討に必要なデータを得る目的で、「幼稚園・保育所・認定こども園等の経営実態調査」を実施している。これは全国の認可の保育施設の一部を抽出して行う調査であるが、二〇二三年一二月発表の「こども未来戦略」では、新たな施策として「(運営費の)使途の見える化に向けて、事業者が施設ごとの経営情報等を都道府県知事に報告することを求めるとともに、報告された経営情報等の分析結果等の公表を都道府県知事に求めること等を法定化する」として、全国の保育施設の運営状況について、さらなる透明化に取り組む方針を明らかにしている。

東京都保育士等キャリアアップ補助金の支給に付随して東京都が財務調査等を独自に行っていることはすでに紹介したが、同様の施策を全国で実施できるのであれば、期待が高まる。しかし、実地での指導監査の実施義務も地方分権改革の自治体提案で緩和されており、自治体が本気で取り組んでくれるのかどうかには不安が残る。

二〇二三年八月の「子ども・子育て支援制度における継続的な見える化に関する有識者会議」の報告書は、この「見える化」について、保育士処遇や配置基準の改善などの検証を主目的としつつ、利用者(保護者)による保育施設の選択や、保育士の就職先の選択を支援する情報にもなりうると位置づけている。その一方で、事業者の事務負担を懸念する意見、収集した情報をすべて行政機関が細かくチェックすることは難しいので情報の正確性を確認するにとどめざるをえないという意見、公表する内容についても、業態によって有利不利がないように配慮する必要があるという意見も見られ、どこまで透明性を高められるかは未知数である。なお、「幼稚園・保育所・認定こども園等の経営実態調査」では表5－1のような項目が調査されて

表5－1　「幼稚園・保育所・認定こども園等の経営実態調査」の調査項目の概要

1. 施設・事業所の状況等（施設・事業所全体の概要）	• 開設年月 • 経営主体の類型 • 施設・事業所の類型 • 運営する他の教育・保育施設等の種類と数，利用定員数・入所児童数（認定区分・年齢ごと）
2. 職員配置	常勤 or 非常勤別に，公定価格基準，実際の配置（調査対象事業のみ），実際の配置（調査対象事業以外も含む）の人数を記載
3. 職員給与	• 処遇改善に関する加算の取得状況 • 職員給与の状況（個人ごとに，給与支給実績と合わせて，性別，年齢，勤続年数，勤務形態，職種等の属性情報を記載）
4. 収支の状況	• 事業収入（収益） • 事業支出（費用） ※それぞれの科目内訳を含む

出所：子ども・子育て支援制度における継続的な見える化に関する有識者会議「子ども・子育て支援制度における継続的な見える化の在り方について（令和5年度こども家庭庁調査研究事業報告書）」2023年8月

おり、これとの整合性をとりながら効率化して行うべきという方向性が示されていた。

そもそも二〇一五年に施行された子ども・子育て支援法五八条は、各都道府県知事に認可の保育施設の教育・保育の内容および運営状況に関する情報を公表することとしている。しかし、同法施行後、情報公開はなかなか進まなかった。二〇二〇年九月に全国共通の情報検索・閲覧システム「ここdeサーチ」（独立行政法人福祉医療機構〈略称WAM NET〉が運営）が開始し、このサイトで同法の趣旨を実現しようとしているところだ。前述の「見える化」の取り組みも、このサイトでの情報公開をめざすという。

このサイトでは、トップページで地域や施設名などの条件で保育施設を検索できるようになっており、施設ごとに住所、保育時間、クラス定員、延長保育、障害児保育、職員の人数や平均勤務年数、第三者評価の受審状況などが公開されている。しかし、保育体制などの詳細がわかるような内容にはなっていない。利用者にとっては、ほとんどが居住自治体で把握できる情報であり、ここでしか得られない情報は、職員数や平均経験年数くらいだ。指導監査の結果は公開項目に含まれていない。また、二〇二四年三月に閲覧した時点では、自治体や施設によって公開内容はバラバラで記入されていない内容も多く、古い情報のまま更新されていない施設も見られた。

「保育園を考える親の会」は、子ども・子育て支援新制度が施行される前に、情報公開してほしい内容についての意見を国に具申している。各クラスの保育士一人当たりの子どもの数、職員の雇用形態や勤続年数、退職率、子ども一人当たりの保育室面積、指導監査や第三者評価の結果ほか、数多くの項目を挙げたが、「ここdeサーチ」の現状を見ると、とても実現できそうもない内容だった。

低迷する第三者評価制度

ここまで、保育の質の確保・向上のためには、各施設での努力に加えて、国や自治体の制度の改善が必要であることを述べてきた。また、その制度に基づいて事業を行う事業者が、人材の確保や育成、望ましい保育体制の構築を行ってくれるように、行政が運営面に関与し指導・支援をしたり、情報公開をさせたりするしくみを強化する必要があることも述べてきた。

これらの説明をしていても感じることだが、次々に新しい制度や事業がつくられるものの、いまひとつ有効に機能しないものが多いように思われる。

保育の質に関する施策としては、もうひとつ、社会福祉法が定める第三者評価制度が二〇〇一年から行われている。介護施設や障害者施設、児童福祉施設などの社会福祉施設が対象で、施設の経営面からサービス内容面までを、国から示された評価項目をもとに、施設から依頼を受けた民間の評価機関が評価する。第三者評価制度の目的は、次のように掲げられている。

① 利用者の適切なサービス選択に資するための情報となること。
② 福祉サービス事業者が事業運営における具体的な問題点を把握し、福祉サービスの質の向上に結び付けることを目的とすること。

児童養護施設などの社会的養護の施設については受審が義務づけられているが、二〇二〇年

表5－2　第三者評価の受審数と受審率（2020年度）

施設種別	受審数（件）	全国施設数	受審率（%）
特別養護老人ホーム	393	8,234	4.77
養護老人ホーム	33	946	3.49
障害者施設（生活介護）	176	8,268	2.13
障害者施設（就労継続支援A・B型）	232	16,357	1.41
障害者支援施設（入所支援＋日中介護）	140	2,561	5.47
救護施設	21	183	11.48
児童館	4	4,453	0.09
保育所	**1,578**	**23,896**	**6.60**
児童養護施設	229	612	37.41
乳児院	54	145	37.24
母子生活支援施設	88	217	40.55

出所：社会福祉法人全国社会福祉協議会・福祉サービス第三者評価事業のあり方に関する検討会「福祉サービス第三者評価事業の改善に向けて」2022年3月

度の実施率は表5－2のように低迷している。

保育所の受審率は六・六パーセントだが、実はその三分の二が東京都の施設によるものだ。東京都や横浜市は施設に対して受審料の補助を行っており、東京都は受審を特定の補助金の要件としているため、受審率が高くなっている。つまり、全国的には、第三者評価を受審している施設は稀有な存在になっているのだ。

二〇二二年三月に全国社会福祉協議会から出された「福祉サービス第三者評価事業の改善に向けて――福祉サービス第三者評価事業のあり方に関する検討会報告書」は、制度の課題として、受審率が低いこと、各都道府県に設けられることになっている推進組織が弱体化していること、受審料を抑えないと受審してもらえないが低い受審料では評価機関の経営が成り立たず評価者の雇用や育成に悪影響があること、評価結果の公表も低迷しており利用者の選択に資する目的が達成されていないことなどを指摘している。

公表に関しては、制度が周知されなければ意味がないが、周知自体も十分ではなく、比較的受審施設が多い東京都でも第三者評価制度を知っている保護者は少ない。

利用者の立場から私の意見を率直に言えば、評価項目には経営に関する一般的な内容が多く、保護者からは子どもが受ける保育との関係が見えにくい。保育内容に特化した評価項目もあるが、いろいろな配慮からぼやけた表現が多く、施設による差がつきにくい。何より、評価機関は施設を顧客とする関係にあり、施設にリピーターになってもらうために、当たり障りのない評価を行う傾向がある点は、最も構造的な問題と考えられる。公表された評価を見ても、おおむね満点評価になっている。評価は、A・B・Cなどの評価以外に施設の特色や努力している点などを記述で評価する欄もあるが、施設長から聞き取ったPRをそのまま記述しているだけと思われる内容もあり、評価の質にも疑問がある。

子どもにとっての保育の質を的確に評価するためには、評価員にも保育経験に根ざした専門性が求められるが、常勤として雇用できる事業規模とはならないため、現役保育者が本業と兼務していたり、引退者がボランティア活動的に従事するという実態が見られる。また、保育事業者が系列会社として評価機関を設置している例も見られ、それでは第三者性が保たれているとは言い難い。東京都、神奈川県、埼玉県では、自社系列の施設を評価してはいけないという規定を設けているが、競合他社の施設を評価することは禁じていない。

第三者評価制度でよいと思うのは、利用者アンケートが行われる点だ。このアンケートにより、保護者からの意見が評価機関に直接提出される。保護者は子どもの受けている保育について最も身近に感じている立場だが、疑問や不安があっても、立場上、なかなか施設に問うことはできない。同じ社会福祉法上の制度に苦情解決のしくみ(苦情窓口を設け利用者の意見を受け止めることを義務づけた制度)があるが、質の悪い施設ほど機能していないのが現状だ。第三者評価の利用者アンケートは貴重な取り組みになっている。

監査・評価制度の混線

前述の報告書では、第三者評価と指導監査の関係を過去の検討会の資料から図5－7のように説明している。第三者評価は、施設が基準を遵守しているかなどを確認する指導監査とは異なり、基準を満たした上で提供されるサービスの充実度を測るものだという区分けがされている。

保育に関しては、現行の第三者評価制度を今後さらに強化していくことがよいのかどうか疑問を感じる。指導監査、情報公開の制度や「見える化」の取り組み、第三者評価は、いずれも保育の質の確保・向上をめざしており、重複する部分がある。施設はいろいろな機関から同じことを問われたり書類を提出させられたりしている。ある程度、整理してＩＴＣ化による情報共有を進める必要があるのではないか。

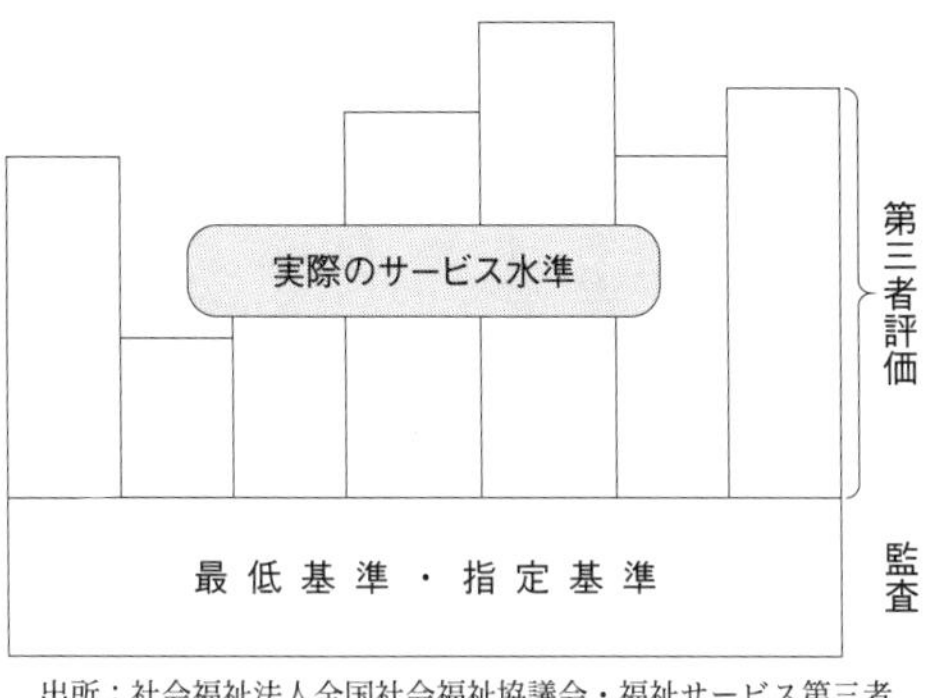

出所：社会福祉法人全国社会福祉協議会・福祉サービス第三者評価事業のあり方に関する検討会「福祉サービス第三者評価事業の改善に向けて」2022年3月

図5−7　第三者評価と最低基準・指導監査との関係

現行制度で最も問題のある部分に直接効果を及ぼすことができるのは指導監査なのではないか。運営基準(保育士配置、施設設備基準、衛生管理ほか)や保育所保育指針への遵守状況は指導監査で徹底して確認し、その情報のうち公開が望ましい部分を「ここdeサーチ」に公開する。運営費の使途についても、指導監査で一元的に確認すべきではないか。指導監査こそ、利用者へのアンケートを実施し、不正や不適切な対応の発見につなげてほしい。

第三者評価制度をもしも改善するのであれば、全体に評価項目をもっと具体的なものにする必要があるのではないか。「〇〇を行っている」「〇〇を行っているが十分ではない」「〇〇を行っていない」といった三段階評価が多く見られるが、二番目、三番目の評価になることは非常に少ない。

前半の運営面・管理面に関する評価は、指導監査の情報を共有・活用すれば、もっと具体的な評価を効率的に行えるのではないか。

後半の保育内容面に関する評価は、第4章でもふれた「保育環境評価スケール」を導入するのもよいだろう。このスケールは、保育の質を客観的に測る物差しとしてアメリカで開発され、世界各地で使われている。施設設備・備品などのハード面から保育者の子どもへのかかわり方まで具体的な評価項目が示され、採点できるようになっている。

保育の質と保育政策の関係

ここまで保育の質に関わる多くの制度にふれてきた。全体像を把握するために、「保育の質の諸側面」の概念を用いて整理しておきたい。

ＯＥＣＤは、「スターティング・ストロング（Starting Strong）」と題した一連の調査研究報告を発表しているが、二〇〇六年に発表した「Starting Strong II」では、保育の質を六つの側面から解説している。その諸側面に対する現行施策を整理すると、図5‐8のようになる。「Starting Strong II」の原文では、諸側面は階層化されていないが、図5‐8では、私の視点から土台と考えられる側面を下に位置させて描いている。

二〇一五年発表の「Starting Strong IV」では、保育の質について「子どもが心身ともに満たされ、より豊かに生きていくことを支える環境や経験」という包括的定義が示された。この定義は、保育の質が、一人一人の子どもが現在を幸せに生き、未来を豊かに生きるための力を培うことに関して有効であるかどうかという視点から捉えられるべきという基本的認識を示している。

諸側面のうち、「成果の質」は保育が子どもの現在および未来にもたらすものだ。この部分に、画一的な評価はできない。学齢期では、是非はともかく、学力テストで評価することが当たり前になっているが、全人格的な発達を援助する保育では、そのような短絡的な見方をあえて排除しなければならない。この質は、子ども一人一人にとってのものでなければならない。

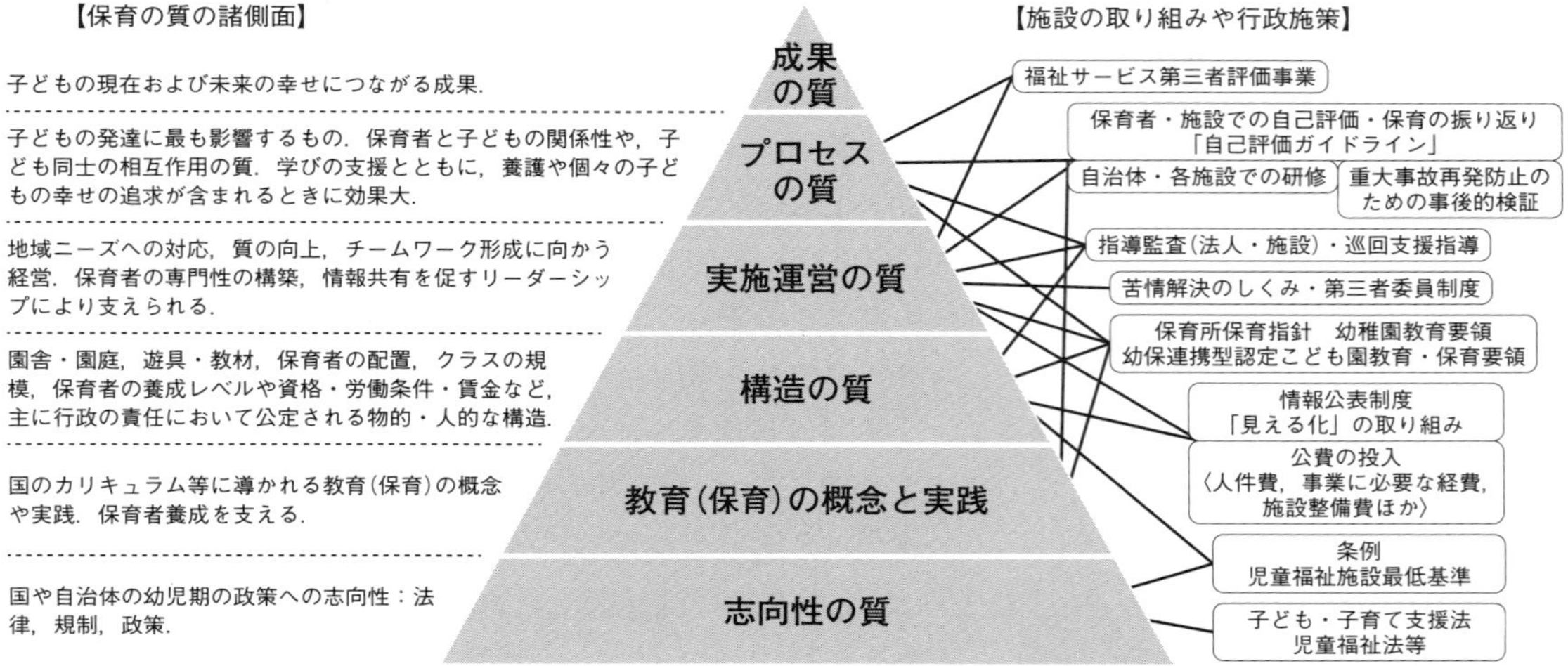

【保育の質の諸側面】

成果の質
子どもの現在および未来の幸せにつながる成果.

プロセスの質
子どもの発達に最も影響するもの. 保育者と子どもの関係性や, 子ども同士の相互作用の質. 学びの支援とともに, 養護や個々の子どもの幸せの追求が含まれるときに効果大.

実施運営の質
地域ニーズへの対応, 質の向上, チームワーク形成に向かう経営. 保育者の専門性の構築, 情報共有を促すリーダーシップにより支えられる.

構造の質
園舎・園庭, 遊具・教材, 保育者の配置, クラスの規模, 保育者の養成レベルや資格・労働条件・賃金など, 主に行政の責任において公定される物的・人的な構造.

教育(保育)の概念と実践
国のカリキュラム等に導かれる教育(保育)の概念や実践. 保育者養成を支える.

志向性の質
国や自治体の幼児期の政策への志向性：法律, 規制, 政策.

【施設の取り組みや行政施策】

福祉サービス第三者評価事業

保育者・施設での自己評価・保育の振り返り
「自己評価ガイドライン」

自治体・各施設での研修

重大事故再発防止のための事後的検証

指導監査(法人・施設)・巡回支援指導

苦情解決のしくみ・第三者委員制度

保育所保育指針　幼稚園教育要領
幼保連携型認定こども園教育・保育要領

情報公表制度
「見える化」の取り組み

公費の投入
〈人件費, 事業に必要な経費, 施設整備費ほか〉

条例
児童福祉施設最低基準

子ども・子育て支援法
児童福祉法等

注：6つの側面の邦訳は, イラム・シラージ, デニス・キングストン, エドワード・メルウィッシュ著, 秋田喜代美・淀川裕美訳『「保育プロセスの質」評価スケール――乳幼児期の「ともに考え, 深めつづけること」と「情緒的な安定・安心」を捉えるために』(明石書店, 2016年)に基づく. 図および図中左側の解説は, OECD「Starting StrongII」の原文をもとに筆者が作成.
出所：日弁連法務研究財団編『法と実務』Vol. 17(2021年)に掲載の筆者作成図を修正

図5-8　保育の質の諸側面と保育施策

次の「プロセスの質」は、保育者が子どもにかかわり、子ども同士のかかわりを助け、遊びを豊かにする保育の営みそのものの質を表す。保育者の専門性や経験、意欲が活きる側面だ。この質は子どもが直接体験する最も中核的な保育の質であり、他の諸側面は「プロセスの質」を高めるための環境とも言える。行政等が行う施策としては、施設内での研修や保育の振り返り、意見交換など内部での研鑽の促し、自治体が行う研修などが挙げられる。第三者評価や指導監査もこれを高めるためのインセンティブになる。保育所保育指針は実際の保育の営みの総合的な指標となる。なお、保育の振り返りに役立ててもらうため、国は「保育所における自己評価ガイドライン」を策定している(二〇二〇年に改定)。

「実施運営の質」は、保育施設のマネジメントの質を表す。保育の質の向上のため保育人材を育成し、保育者集団のモラルや同僚性を高め、施設長のリーダーシップのもと体制づくりをする。地域のニーズにも目を配り、事業の公益性も視野に入れる運営が評価される。文字通り、運営面の質を指している。施策としては、「プロセスの質」を支えるすべての施策に加えて、苦情解決のしくみ(利用者の苦情を受け付けるしくみ)、情報公表制度なども運営体制を見直すきっかけになるだろう。さらに、人件費などの公費の投入が十分になければ、「実施運営の質」を上げることはできない。

「構造の質」は、保育を実施する構造、たとえば保育者の配置、その資格内容や労働条件、施設設備、園庭や保育室の広さなど、ハード面の質を表す。この質が低ければ、「実施運営の質」を上げることは困難になり、「プロセスの質」も上がらないことになる。施策としては、関連する基準(条例、児童福祉施設最低基準＝児童福祉施設の設備及び運営に関する基準)の水準を上げること、保育内容の基準である保育所保育指針等を普及・浸透させること、それに見合う公費を投入すること、基準が遵守できているかどうか確認し指導すること(指導監査、情報公開制度)などが、この質を支えうる。

「教育(保育)の概念と実践」は、国等が保育者養成の指針となるような保育の方向性を示すことを表している。日本では、保育所保育指針、幼稚園教育要領、幼保連携型認定こども園教育・保育要領がこれに当たり、その実践のためにさまざまな施策がとられている。図5－8では、これらの指針の策定、実践のために自己評価や研修も関連する施策として示している。この質は、すべての施策の内容面での土台になるものであると同時に、「プロセスの質」を直接支えるものともなる。

「志向性の質」は、これらのすべての保育施策の土台となる国や自治体の志向性を表す。子どもにどう育ってほしいのか、社会としてその方向性を見定めているのかどうかが問われる。

政策・制度における子どもの権利条約の実現度も含めてもよいだろう。二〇二三年四月から、こども家庭庁が発足し、こども基本法がつくられたことは一歩前進だが、次に述べるように、教育の所管が統合されなかったことで今後どのような影響が出てくるのか、問われるだろう。

「子どもを真ん中に」施策をブラッシュアップする必要

前掲の図5－8の保育施策の多くは、児童福祉法や子ども・子育て支援法を根拠法としてこども家庭庁の管轄のもとで行われているが、幼保連携型こども園、幼稚園に関わる部分は学校教育法に基づき、文部科学省の管轄のもとで行われる部分がある。また、第三者評価や苦情解決のしくみは厚生労働省の所管する社会福祉法を根拠法としている。こういった縦割りの状態が「志向性の質」を高める邪魔にならないようにしなければならない。

保育を児童福祉ととらえるか教育ととらえるかという議論は意味がない。保育所保育指針は保育を養護と教育を一体的に行うものと書いているが、児童福祉と教育の関係も同様である。子どものウェルビーイングなしで教育の効果は上がらないし、教育はウェルビーイングを実現するために不可欠の手段だ。両者は車の両輪のような関係と言える。ウェルビーイングとは、福祉、幸福、健康などと訳されることが多く、よく在ること、つまり心身ともに満たされた状態であることを表している。

児童福祉と教育を一体的にとらえ、省庁の縦割りを乗り越え、政治の目玉政策づくりのために複雑化している施策は整理する必要がある。

従来の教育施策に目を転ずると、家庭や子ども間の格差を容認し、子どもに序列をつけ早期に選別することを良しとしてきた。このことが、多様性を認めない空気を醸成し、子どものウェルビーイングを阻害し、いま義務教育で起こっているさまざまな問題の誘因になっている可能性がある。少なくとも、家庭が子どもの選別を恐れ、早くから教育サービスの購入に走るために、教育費が高騰し子育ての負担感を大きくし、少子化を招いていることは明らかだ。

かつて子どもが自由に遊ぶ中で得ていた心身の育ちの場を、商業的サービスとしてではなく、公教育や地域で利用できる遊び場・居場所として提供することに力を入れるべきではないだろうか。何事もビジネス(市場)で解決できるというのは、幻想だ。前章で紹介したヘックマン教授が主張したように、すべての子どもの育ちを公的に保障する施策は、子どもの権利の保障であると同時に、社会の未来にとっても、国家にとっても利益をもたらすものであるはずだ。

図5－8に示した保育施策は今後、子どもの利益を中心にすえて水準を上げ、ブラッシュアップしていく必要がある。岸田内閣の「こども未来戦略」により、保育士配置や保育士の処遇

改善が前進したことを解説したが、まだまだ改善は必要だ。少子化対策というと、保護者への経済的支援ばかりが関心をもたれる傾向があるが(もちろん、それも重要だが)、子どもが安心して健やかに育つことができる環境が整備されなければ、子育てはトラップ(落とし穴)だらけになってしまい、安心して子どもを産める社会にはならない。これは、乳幼児期から学齢期まで通して考えられなければならない。

「女子ども」を軽んずる社会からの脱皮

本書のまとめに入る前に、日本の子ども施策の背景にある文化についてふれておきたい。

第3章で振り返ったように、一九九〇年の一・五七ショック以降、日本は少子化対策に注力し、特に共働き家庭の両立支援のためのさまざまな施策を打ってきた。女性に出産後も働いてもらい、労働力を調達し、税や社会保険料の担い手を増やし、子育てにかかる経費も自分たちで稼いでもらうという、よいことだらけの作戦に思えた。しかし、少子化はますます深刻になるばかりだ。

いろいろな背景が語られているが、敗因のひとつとしてあえて「女子ども」を軽視してきたことを挙げたい。

「女子ども」は、かつて「取るに足りないもの」「足手まといになるもの」の例としてよく使われてきた日本語だ。男性の「女子どもにはわからない」というようなセリフもかつてはよく聞かれた。男性が働く「公」の世界を重んじ、女性や子どもが生活する「私」の世界を軽んじる家父長制文化を象徴する言葉とも言える。

家事や育児、子どもが必要とする地域の環境などは「私」の世界のことであり、男性が「公」の世界で担っている仕事に比べたら取るに足りないものと考えられてきた。結婚した女性には夫が「公」の仕事に集中できるよう、家庭を守ること(内助の功)が求められたが、そうした女性の役割は当然のものとされ、敬意を払われることはなかった。一方、男性は「公」の世界のために全力を尽くすべきとされ、「公」の世界に家庭のことを持ち込むのは恥とされた。私が知る昭和時代は、そういう価値観が圧倒的多数で世を覆っていた。

一九九〇年代には、雇用者の共働き世帯が多数派となったが、その過程でも、私生活を投げ打って「公」の世界で長時間働くことを是とする文化は続いてきた。その結果、慣習的に家庭責任を担わされた女性たちは、男性社会に飛び込み苛烈な両立に挑むか、扶養の範囲内で短時間働く時給労働者になるか、もしくは働くことを断念するかという選択を強いられた。男女の役割分担の偏りが、子育てを困難なものにしている。その構造に政府も気づき、男性の育休取得を促すなどの施策を行っているが、まだ途上にある。女性が出産後に非正規雇用の短時間労働を選ぶ割合はまだ高く、それが男女の賃金格差を大きいままにしている。共働きをしても多くの子育て世代の家計は苦しく、経済的にも子育ての負担感を大きくしている。

また、「私」の世界を軽んじてきた世代には、子どもへの「耐性」が不足している。子どもの声を騒音と感じ、保育園や公園を嫌い、子どもを排除し、親を責める。これまで「公」の世界で大人だけを相手にしてきたから、子どもの存在に慣れることができない。けれども、そうした大人たち自身も昔は地域で子どもらしく騒ぎ、悪さをし、大人を困らせながら大きくなったはずだ。この世界は、子どものものでもある。大人が独占し、子どもを追い出したり閉じ込めたりしているのは、子どもの権利の侵害にほかならない。

こうして女性にとって、いや男性にとっても、結婚や子育ては、個人的な幸福を追求する上で負担、もしくはリスクが大きい選択肢となってしまった。

子どもを軽視する傾向は、保育のあり方にもネガティブな影響を与えた。社会は保育を「私」の世界の仕事、「子守り」として安く買い叩いてきた。その結果、構造的な保育士不足が保育の質を揺るがしている。

いま必要なのは、個人が私生活を大切にしながら自分らしい幸せを求められること、その中で、子どもを社会であたたかく見守ることができる空気だ。このとき、保育施設は重要なインフラであり、社会はその助けを必要としている。

不適切保育防止から質の高い保育の実現へ

不適切保育の背景にある保育制度の問題について、過去から現在までの経緯、社会の現状との関係に照らしながら述べてきた。

不適切保育の防止は、何よりも、子どもを、小さくても大人と同じ一人の人間として尊重することができるかどうかという保育者の心のあり方にかかっている。しかし、その心のあり方は、その保育者の資質や専門性にも左右される(プロセスの質)。そして、保育事業の運営者は保育者の資質や専門性をそのように育み、そのあり方を支えるような運営方針を掲げ、体制をつくっていかなくてはならない(実施運営の質)。国や自治体は、保育者や運営者がそのような保育をできるように基準を設け、公費を投入し、支援や指導を行っていかねばならない(構造の質)。その基盤として、国は子ども主体の発達観に基づいた養護と教育についての考え方や手法を明確にしなければならない(教育〈保育〉の概念と実践)。そもそも国として社会として、子どもの権利を保障し一人一人の発達を社会の責任で支えようというコンセンサスを成立させなければならない（志向性の質）。

これらの質の全体的な向上は、不適切保育を防止することはもちろん、すべての子どもに質の高い保育を提供することを可能にし、保育という社会基盤を強化することにつながる。

二〇二三年、政府が「異次元の少子化対策」を掲げたのは、国としての危機感の表明だった。ここからどんなに頑張っても、子どもが減っていくことは確実になっている。しかし、それは一人一人の子どもにもっとお金をかけて大切に育むことができるということも意味する。そうすることによって実現される子どもの健やかな育ちは、社会に安心感を生んでいく。経済がうまく回らなければ何事もよくならないと考える人は多いが、社会の安心感がもたらす経済効果にも目を向けなければならない。

もうひとつ、第2章のコラム5で紹介した子どもの権利委員会の一般的意見を振り返ってもらいたい。最後に取り上げたパラグラフ46では、次のように述べられていた（要約）。

「子どもが最も緊密な関係をもっている大人が、その子どもとの関係において暴力および屈辱を用いるとき、その大人は人権の軽視を実演するとともに、それが紛争を解決したり行動を変えたりするための正当な方法であるという、危険な教訓を与えている可能性がある」

子どもの権利条約は、子どもの人格が尊重されることは、子ども自身の権利であると同時に、その子どもが他者の権利を尊重できる人間に育つためにも必須であると考えている。子ども一人一人が差別されることなく、人としての尊厳を尊重され、その意見に耳を傾けられながら育つことによって、自由で平等で民主的な社会を支える市民として自立することを期待している。

国連が発した多くの人権に関わる宣言や条約は、第二次世界大戦という悲劇を反省し、新しい平和な世界をつくるための布石のはずだった。しかし、いまも世界では痛ましい人権侵害が繰り返されている。

子どもの権利の保障によって望ましい未来をひらこうというこの条約の精神に賛同できるのであれば、まず、保育での実現をめざしてほしい。

あとがき

最後に、保育園・こども園などに子どもを通わせる保護者の方にお伝えしておきたいことがあります。

本書に紹介したような出来事があるにしても、保護者は、園や保育者との信頼関係を第一にしてほしいということです。子どもは、大人たちの信頼関係があって初めて安心して園生活を送ることができます。慣れないことがあったり、自己主張が通らなかったり、友だちとのぶつかりあいがあったりして、園で泣いたり怒ったりすることは、子どもにとって日常茶飯事です。それらの体験から子どもの中に育つ部分もあります。保育者の対応に不安や疑問を感じたときは、まず、信頼関係を基本にしつつ保育者とコミュニケーションをとってみてください。保護者が、本書に挙げた不適切な行為の外形だけに着目して最初から疑いの目で保育を見てしまうとしたら、それは本意ではありません。

このように保護者と保育者の信頼関係を大切に思っている私が、なぜ本書を執筆することになったのかについて、本文でも述べましたが、もう少し整理して述べておきたいと思います。

一九八三年から続く「保育園を考える親の会」の会員のほとんどが、わが子をあたたかく育んでくれた保育園に感謝してきました。一九九四年に初版を刊行した『はじめての保育園』(保育園を考える親の会編、主婦と生活社)は、巻頭に、「三歳児神話」が根強い世間に向けて、「子どもたちは保育園でこんなに豊かな遊びや生活を体験させてもらって、すくすく育っています!」と胸を張る保護者の声と園生活の写真を飾りました。

子育ての初心者で、仕事と子育ての両立に四苦八苦する保護者にとって、園のサポートは心強く、園生活を楽しみながら成長するわが子の姿に励まされて、一番たいへんな時期を乗り切ってきました。それは今も、多くの保育園・こども園などで見られる当たり前の風景のはずです。かつてのように地域で子育てを支え合う関係が希薄化している現在、園や保育者は、それを補って余りある役割を果たしていると思います。

しかし、当たり前ですが、正反対の保育も存在します。「保育園を考える親の会」への入会動機が園への不信感だった方もいました。

子どもへの音楽指導が厳しい園の保育に疑問をもち、思い切って園に意見をしたら退園を迫られたという方から、「転園してみたら、子どもが見違えるように元気になった。前の園の保育にはずっと疑問を感じていたのに「気のせい、気のせい」とごまかしてきたことが悔やまれる」という切ないお便りをいただいたこともありました。

「ほいくえん、いきたくない。せんせい、こわい」と泣きじゃくる子どもの動画を見たり、子どもの体の特徴を挙げて「○○ちゃんの△△、変」とからかう保育者の声の録音を聞いたこともあります。どちらも悩みに悩み困り果てた保護者が、撮影・録音したものです。

数々の相談を聞いてきて思うのは、日々、仕事と子育てに追われる保護者は、保育に疑問をもっても、園に意見を言ったり転園を検討したりする余裕がない場合が多いということです。その意味で、働く親たちは弱者になりがちであり、その子どもはもっともっと弱者であると言えます。

本書を執筆中に保育関係者から、不適切保育などの報道が相次ぎ、現場の士気が低下していると聞かされたことがありました。国や自治体の制度が十分とは言えない状況で、子どもたちのことを懸命に考え、育ちの環境を少しでもよくしようと努力されている現場の方々にとって、「不適切保育」などという言葉そのものが受け入れ難いものなのではないかと思います。不適切なかかわりがあったとしたら、それはもう「保育」ではないという意見も聞きました。この本を書くことは、自分の子どもがお世話になった園も含め、敬愛する保育者の意欲や活力を損ねることにつながるのではないかという不安もよぎりました。しかし、さまざまな現実を前に、私はいま不適切保育にふれることをタブーにしていてはいけないと考えました。むしろ、この機会に関係者全員がこの問題にしっかり目を向けてほしいと願います。

不適切保育に目を向けるというのは、不適切保育とは何か、どうして起こるのかを見きわめ、防止策を考えるということです。しかしそれは、「これをやったらアウト、これはセーフ」というような皮相的な言動の線引きをしてマニュアルをつくることではありません。子どもという存在を理解し、子どもの人格を尊重する保育とはどのようなものかについてそれぞれが考え、共通認識をつくることがまず必要です。そして、集団保育において、子どもの人格を尊重する保育を行うためには、どのような保育体制や環境が必要なのか、保育施策を検討する人々も理解しなければなりません。このような考えから、本書では保育施策の経緯や現状についても掘り下げました。

そもそも、なぜいま、子どもの人格を尊重することや、子どもが主体的に活動することを大切にしなければならないと私たちは考えるのか。その再確認もしてほしいと思います。それは、第一に「それが子どもの権利であるから」なのですが、同時に、どんどん情報化し複雑に繊細になっていく社会を生き抜くために、子どもたち一人一人が地に足をつけてさまざまなことを自分で考え、自分の存在を大切に感じ、同様に他者も大切に思うことができるような人格形成を助けられる必要が高まっているからだと思います。

二〇二三年一二月、政府は「こども未来戦略——次元の異なる少子化対策の実現に向けて」を発表し、児童手当の拡充、保育士の配置基準の改定、こども誰でも通園制度、障害児支援の拡充などを含む、多岐にわたる子育て支援策を発表しました。

保育施策については、「待機児童対策の推進により量の拡大は進んだものの、一方で昨今、幼児教育・保育の現場でのこどもをめぐる事故や不適切な対応事案などにより子育て世帯が不安を抱えており、安心してこどもを預けられる体制整備を急ぐ必要がある」として、保育士配置基準の改定や保育士の処遇改善などの方針を掲げています。本書では、不適切保育の背景のひとつとして、保育の量の拡大が質の確保を伴わないものだったために、現場の負担が大きくなってきたことを明らかにしましたが、いよいよ軌道修正がかかると期待してよいのでしょうか。

こども誰でも通園制度や障害児の支援においても、保育園・こども園の活躍が期待されています。しかし、現場でこの制度を十分な質で実施できる環境が整っているとは言えません。このままでは、「量の拡大」が「役割の拡大」にすり替わっただけで、相変わらず「質の確保」が置き去りになってしまうのではないかと心配です。

質の確保は、人材の確保から固める必要があります。保育士のなり手が不足している現状は子どもの安全・安心を脅かしています。保育士試験の回数を増やすとか、パート保育士を増やすとか、そういう表面的な施策では、よい人材の確保は実現しません。保育者がゆとりをもって子どもと向き合い、保育の振り返りをしたり、話し合ったり、計画や記録を書いたり、保護者と対話したりする時間がとれる保育体制があってこそ、また、これらの職務の専門性や責任の大きさに見合う処遇があってこそ、実現するものです。保育体制がそのように変化すれば、保育士のなり手は自然に増えていくと思います。それだけ保育は魅力のある仕事だからです。

「こども未来戦略」は、急激な少子化は日本の経済・社会システムの持続性にかかわる問題との危機感を示し、二〇三〇年までが挽回のラストチャンスと書いています。安心して子育てができる社会の実現は、社会全体の課題だということです。

その決意をもって、保育体制や環境の改善が力強く進められることを期待します。少子化の危機に立ち向かう政府の施策が、本当に子どもの権利を保障するものになっていくのかどうか、見守っていかなくてはなりません。そこに、本書が小さな一石を投じることができれば、この上ない幸せです。

最後になりましたが、本書刊行にご尽力くださった岩波書店の皆様、企画・編集にわたってこまやかにサポートしてくださった新書編集部の田中宏幸さんに心から感謝申し上げます。

普光院亜紀

二〇二四年四月

普光院亜紀

出版社在職中に二人の子どもを保育園に預けて働く．「保育園を考える親の会」代表を務め，現在はアドバイザー・顧問．保育ジャーナリスト．保育，仕事と子育ての両立の分野の執筆・講演活動を行うほか，国や自治体の保育・子ども施策に関わる委員会等の委員を務める．浦和大学講師．
主要著作に『共働き子育てを成功させる5つの鉄則』(集英社)，『共働き子育て入門』(集英社新書)，『はじめての保育園――保活から園生活まですべてがわかる』(保育園を考える親の会編，主婦と生活社)，『保育園民営化を考える』(共著)，『変わる保育園――量から質の時代へ』『保育園は誰のもの――子どもの権利から考える』(以上，岩波ブックレット)，『後悔しない保育園・こども園の選び方――子どもにとって大切な12の視点』(ひとなる書房)など．

不適切保育はなぜ起こるのか
――子どもが育つ場はいま　　岩波新書(新赤版)2019

2024年6月20日　第1刷発行

著　者　普光院亜紀（ふこういんあき）

発行者　坂本政謙

発行所　株式会社 岩波書店
〒101-8002 東京都千代田区一ツ橋 2-5-5
案内 03-5210-4000　営業部 03-5210-4111
https://www.iwanami.co.jp/

新書編集部 03-5210-4054
https://www.iwanami.co.jp/sin/

印刷・三陽社　カバー・半七印刷　製本・中永製本

© Aki Fukouin 2024
ISBN 978-4-00-432019-7　　Printed in Japan

岩波新書新赤版一〇〇〇点に際して

ひとつの時代が終わったと言われて久しい。だが、その先にいかなる時代を展望するのか、私たちはその輪郭すら描きえていない。二〇世紀から持ち越した課題の多くは、未だ解決の緒を見つけることのできないままであり、二一世紀が新たに招きよせた問題も少なくない。グローバル資本主義の浸透、憎悪の連鎖、暴力の応酬——世界は混沌として深い不安の只中にある。

現代社会においては変化が常態となり、速さと新しさに絶対的な価値が与えられた。消費社会の深化と情報技術の革命は、種々の境界を無くし、人々の生活やコミュニケーションの様式を根底から変容させてきた。ライフスタイルは多様化し、一面では個人の生き方をそれぞれが選びとる時代が始まっている。同時に、新たな格差が生まれ、様々な次元での亀裂や分断が深まっている。社会や歴史に対する意識が揺らぎ、普遍的な理念に対する根本的な懐疑や、現実を変えることへの無力感がひそかに根を張りつつある。そして生きることに誰もが困難を覚える時代が到来している。

しかし、日常生活のそれぞれの場で、自由と民主主義を獲得し実践することを通じて、私たち自身がそうした閉塞を乗り超え、希望の時代の幕開けを告げてゆくことは不可能ではあるまい。そのために、いま求められていること——それは、個と個の間で開かれた対話を積み重ねながら、人間らしく生きることの条件について一人ひとりが粘り強く思考することではないか。その営みの糧となるものが、教養に外ならないと私たちは考える。歴史とは何か、よく生きるとはいかなることか、世界そして人間はどこへ向かうべきなのか——こうした根源的な問いとの格闘が、文化と知の厚みを作り出し、個人と社会を支える基盤としての教養となった。まさにそのような教養への道案内こそ、岩波新書が創刊以来、追求してきたことである。

岩波新書は、日中戦争下の一九三八年一一月に赤版として創刊された。創刊の辞は、道義の精神に則らない日本の行動を憂慮し、批判的精神と良心的行動の欠如を戒めつつ、現代人の現代的教養を刊行の目的とする、と謳っている。以後、青版、黄版、新赤版と装いを改めながら、合計二五〇〇点余りを世に問うてきた。そして、いままた新赤版が一〇〇〇点を迎えたのを機に、人間の理性と良心への信頼を再確認し、それに裏打ちされた文化を培っていく決意を込めて、新しい装丁のもとに再出発したいと思う。一冊一冊から吹き出す新風が一人でも多くの読者の許に届くこと、そして希望ある時代への想像力を豊かにかき立てることを切に願う。

（二〇〇六年四月）

教育

ジョン・デューイ　上野正道
大学は何処へ 未来への設計　吉見俊哉
教育は何を評価してきたのか　本田由紀
小学校英語のジレンマ　寺沢拓敬
アクティブ・ラーニングとは何か　渡部淳
保育の自由　近藤幹生
異才、発見！　伊藤史織
パブリック・スクール　新井潤美
新しい学力　齋藤孝
学びとは何か　今井むつみ
考え方の教室◆　齋藤孝
学校の戦後史　木村元
保育とは何か　近藤幹生
中学受験　横田増生
いじめ問題をどう克服するか　尾木直樹

教育委員会◆　新藤宗幸
先生！　池上彰編
教師が育つ条件　今津孝次郎
大学とは何か　吉見俊哉
赤ちゃんの不思議　開一夫
日本の教育格差　橘木俊詔
社会力を育てる　門脇厚司
子どもが育つ条件　柏木惠子
誰のための「教育再生」か　藤田英典編
教育力　齋藤孝
思春期の危機をどう見るか　尾木直樹
幼児期　岡本夏木
教科書が危ない　入江曜子
「わかる」とは何か　長尾真
子どもの危機をどう見るか◆　尾木直樹
子どもの社会力　門脇厚司
現代社会と教育　堀尾輝久
子どもとあそび　仙田満

子どもと学校　河合隼雄
教育とは何か　大田堯
からだ・演劇・教育　竹内敏晴
教育入門　堀尾輝久
子どもの宇宙　河合隼雄
子どもとことば　岡本夏木
自由と規律　池田潔
私は赤ちゃん　松田道雄

心理・精神医学

子育ての知恵 幼児のための心理学　高橋惠子
モラルの起源　亀田達也
トラウマ　宮地尚子
自閉症スペクトラム障害　平岩幹男
だます心 だまされる心　安斎育郎
痴呆を生きるということ　小澤勲
純愛時代◆　大平健
精神病　笠原嘉
やさしさの精神病理　大平健
生涯発達の心理学　高橋惠子・波多野誼余夫
認識とパタン　渡辺慧
人間の限界　霜山徳爾
コンプレックス　河合隼雄
天才　宮城音弥
日本人の心理◆　南博
感情の世界　島崎敏樹

カラー版

カラー版 国芳　岩切友里子
カラー版 北斎　大久保純一
カラー版 知床・北方四島　大泰司紀之・本間浩昭
カラー版 西洋陶磁入門　大平雅巳
カラー版 すばる望遠鏡の宇宙　海部宣男・宮下曉彦写真
カラー版 メッカ　野町和嘉
カラー版 シベリア動物誌　福田俊司
カラー版 ハッブル望遠鏡が見た宇宙　野本陽代・R・ウィリアムズ
カラー版 妖怪画談　水木しげる

(2023.7)　　◆は品切，電子書籍版あり．(LT)

岩波新書より

福祉・医療

医の変革　春日雅人編
新型コロナと向き合う　横倉義武
〈弱さ〉を〈強み〉に　天畠大輔
がんと外科医　阪本良弘
医の希望　齋藤英彦編
〈いのち〉とがん 患者となって考えたこと　坂井律子
ルポ 看護の質　小林美希
健康長寿のための医学　井村裕夫
和漢診療学 あたらしい漢方　寺澤捷年
在宅介護　結城康博
医と人間　井村裕夫編
医療の選択　桐野高明
納得の老後 日欧在宅ケア探訪　村上紀美子
移植医療　出河雅彦 橳島次郎
医学的根拠とは何か◆　津田敏秀
転倒予防　武藤芳照

看護の力　川嶋みどり
心の病 回復への道　野中猛
重い障害を生きるということ　髙谷清
感染症と文明　山本太郎
医の未来　矢﨑義雄編
パンデミックとたたかう◆　押谷仁 瀬名秀明
介護 現場からの検証　結城康博
腎臓病の話　椎貝達夫
がん緩和ケア最前線　坂井かをり
新型インフルエンザ 世界がふるえる日　山本太郎
児童虐待　川﨑二三彦
生老病死を支える　方波見康雄
医療の値段　結城康博
ぼけの予防◆　須貝佑一
認知症とは何か　小澤勲
障害者とスポーツ　高橋明
放射線と健康　舘野之男
定常型社会 新しい「豊かさ」の構想◆　広井良典

高齢者医療と福祉　岡本祐三
看護 ベッドサイドの光景　増田れい子
医療の倫理　星野一正
腸は考える　藤田恒夫
光に向って咲け　粟津キヨ
リハビリテーション　砂原茂一
指と耳で読む　本間一夫
文明と病気 上・下　H・E・シゲリスト 松藤元訳

(2023.7)　◆は品切，電子書籍版あり．(F)

岩波新書より

社会

- 女性不況サバイバル　竹信三恵子
- パリの音楽サロン　青柳いづみこ
- 持続可能な発展の話　宮永健太郎
- 皮革とブランド　変化するファッション倫理　西村祐子
- 動物がくれる力　教育、福祉、そして人生　大塚敦子
- 政治と宗教　島薗進編
- 超デジタル世界　西垣通
- 現代カタストロフ論　金子勝・児玉龍彦
- 「移民国家」としての日本　宮島喬
- 迫りくる核リスク　〈核抑止〉を解体する　吉田文彦
- 記者がひもとく「少年」事件史　川名壮志
- 中国のデジタルイノベーション　小池政就
- これからの住まい　川崎直宏
- 検察審査会　デイビッド・T・ジョンソン・平山真理・福来寛
- ドキュメント〈アメリカ世〉の沖縄　宮城修
- 東京大空襲の戦後史　栗原俊雄
- 土地は誰のものか　五十嵐敬喜
- 民俗学入門　菊地暁
- 企業と経済を読み解く小説50　佐高信
- 視覚化する味覚　久野愛
- ロボットと人間　人とは何か　石黒浩
- ジョブ型雇用社会とは何か　濱口桂一郎
- 法医学者の使命　「人の死を生かす」ために　吉田謙一
- 異文化コミュニケーション学　鳥飼玖美子
- モダン語の世界へ　山室信一
- 時代を撃つノンフィクション100　佐高信
- 労働組合とは何か　木下武男
- プライバシーという権利　宮下紘
- 地域衰退　宮﨑雅人
- 江戸問答　田中優子・松岡正剛
- 広島平和記念資料館は問いかける　志賀賢治
- コロナ後の世界を生きる　村上陽一郎編
- リスクの正体　神里達博
- 紫外線の社会史　金凡性
- 「勤労青年」の教養文化史　福間良明
- 5G　次世代移動通信規格の可能性　森川博之
- 客室乗務員の誕生　山口誠
- 「孤独な育児」のない社会へ　榊原智子
- 放送の自由　川端和治
- 社会保障再考　〈地域〉で支える　菊池馨実
- 生きのびるマンション　山岡淳一郎
- 虐待死　なぜ起きるのか、どう防ぐか　川崎二三彦
- 平成時代◆　吉見俊哉
- バブル経済事件の深層　奥山俊宏・村山治
- 日本をどのような国にするか　丹羽宇一郎
- なぜ働き続けられない？　社会と自分の力学　鹿嶋敬
- 物流危機は終わらない　首藤若菜

(2023.7)　◆は品切，電子書籍版あり．(D1)

岩波新書より

- 認知症フレンドリー社会　徳田雄人
- アナキズム 一丸となってバラバラに生きろ　栗原康
- まちづくり都市 金沢　山出保
- 総介護社会　小竹雅子
- 賢い患者　山口育子
- 住まいで「老活」　安楽玲子
- 現代社会はどこに向かうか　見田宗介
- EVと自動運転 クルマをどう変えるか　鶴原吉郎
- ルポ 保育格差◆　小林美希
- 棋士とAI　王銘琬
- 科学者と軍事研究　池内了
- 原子力規制委員会　新藤宗幸
- 東電原発裁判　添田孝史
- 日本問答　田中優子・松岡正剛
- 日本の無戸籍者　井戸まさえ
- 〈ひとり死〉時代のお葬式とお墓　小谷みどり
- 町を住みこなす　大月敏雄

- 歩く、見る、聞く 人びとの自然再生　宮内泰介
- 対話する社会へ　暉峻淑子
- 悩みいろいろ　金子勝
- 魚と日本人 食と職の経済学　濱田武士
- ルポ 貧困女子　飯島裕子
- 鳥獣害 動物たちと、どう向きあうか　祖田修
- 科学者と戦争　池内了
- 新しい幸福論　橘木俊詔
- ブラックバイト 学生が危ない　今野晴貴
- 原発プロパガンダ　本間龍
- ルポ 母子避難　吉田千亜
- 日本にとって沖縄とは何か　新崎盛暉
- 日本病 長期衰退のダイナミクス◆　金子勝・児玉龍彦
- 雇用身分社会　森岡孝二
- 生命保険とのつき合い方◆　出口治明
- ルポ にっぽんのごみ　杉本裕明
- 鈴木さんにも分かるネットの未来　川上量生

- 地域に希望あり◆　大江正章
- 世論調査とは何だろうか◆　岩本裕
- フォト・ストーリー 沖縄の70年　石川文洋
- ルポ 保育崩壊　小林美希
- 多数決を疑う 社会的選択理論とは何か　坂井豊貴
- アホウドリを追った日本人　平岡昭利
- 朝鮮と日本に生きる　金時鐘
- 被災弱者　岡田広行
- 農山村は消滅しない　小田切徳美
- 復興〈災害〉　塩崎賢明
- 「働くこと」を問い直す　山崎憲
- 原発と大津波 警告を葬った人々　添田孝史
- 縮小都市の挑戦　矢作弘
- 福島原発事故 被災者支援政策の欺瞞　日野行介
- 日本の年金◆　駒村康平
- 食と農でつなぐ 福島から◆　岩崎由美子・塩谷弘康
- 過労自殺〔第二版〕◆　川人博

(2023.7)　　◆は品切，電子書籍版あり．　(D2)

岩波新書より

- 金沢を歩く　山出保
- ドキュメント 豪雨災害　稲泉連
- ひとり親家庭　赤石千衣子
- 女のからだ フェミニズム以後　荻野美穂
- 〈老いがい〉の時代◆　天野正子
- 子どもの貧困 II　阿部彩
- 性と法律　角田由紀子
- ヘイト・スピーチとは何か◆　師岡康子
- 生活保護から考える◆　稲葉剛
- かつお節と日本人　宮内泰介・藤林泰
- 家事労働ハラスメント　竹信三恵子
- 福島原発事故 県民健康管理調査の闇◆　日野行介
- 電気料金はなぜ上がるのか◆　朝日新聞経済部
- おとなが育つ条件　柏木惠子
- 在日外国人〔第三版〕　田中宏
- まち再生の術語集　延藤安弘
- 震災日録 記憶を記録する◆　森まゆみ
- 原発をつくらせない人びと　山秋真

- 社会人の生き方◆　暉峻淑子
- 構造災 科学技術社会に潜む危機　松本三和夫
- 家族という意志◆　芹沢俊介
- ルポ 良心と義務　田中伸尚
- 夢よりも深い覚醒へ◆　大澤真幸
- 3・11 複合被災◆　外岡秀俊
- 子どもの声を社会へ　桜井智恵子
- 就職とは何か◆　森岡孝二
- 日本のデザイン　原研哉
- ポジティヴ・アクション　辻村みよ子
- 脱原子力社会へ◆　長谷川公一
- 希望は絶望のど真ん中に　むのたけじ
- アスベスト 広がる被害　大島秀利
- 原発を終わらせる　石橋克彦編
- 日本の食糧が危ない　中村靖彦
- 希望のつくり方　玄田有史
- 生き方の不平等◆　白波瀬佐和子
- 同性愛と異性愛　風間孝・河口和也
- 新しい労働社会　濱口桂一郎

- 世代間連帯　上野千鶴子・辻元清美
- 道路をどうするか　五十嵐敬喜・小川明雄
- 子どもの貧困　阿部彩
- 子どもへの性的虐待◆　森田ゆり
- テレワーク 「未来型労働」の現実　佐藤彰男
- 反貧困　湯浅誠
- 不可能性の時代　大澤真幸
- 地域の力　大江正章
- 少子社会日本　山田昌弘
- 親米と反米　吉見俊哉
- 「悩み」の正体　香山リカ
- 変えてゆく勇気◆　上川あや
- 戦争で死ぬ、ということ　島本慈子
- ルポ 改憲潮流　斎藤貴男
- 社会学入門　見田宗介
- 冠婚葬祭のひみつ　斎藤美奈子
- 少年事件に取り組む　藤原正範
- 悪役レスラーは笑う◆　森達也
- いまどきの「常識」◆　香山リカ

岩波新書より

働きすぎの時代◆	森岡孝二
桜が創った「日本」	佐藤俊樹
生きる意味	上田紀行
社会起業家◆	斎藤槙
逆システム学◆	金子勝 児玉龍彦
男女共同参画の時代	鹿嶋敬
当事者主権	中西正司 上野千鶴子
豊かさの条件	暉峻淑子
クジラと日本人	大隅清治
人生案内	落合恵子
若者の法則	香山リカ
自白の心理学	浜田寿美男
原発事故はなぜくりかえすのか	高木仁三郎
日本の近代化遺産	伊東孝
証言 水俣病	栗原彬編
日の丸・君が代の戦後史◆	田中伸尚
コンクリートが危ない	小林一輔
東京国税局査察部	立石勝規
バリアフリーをつくる	光野有次
ドキュメント屠場	鎌田慧
能力主義と企業社会	熊沢誠
現代社会の理論	見田宗介
原発事故を問う◆	七沢潔
災害救援	野田正彰
スパイの世界	中薗英助
都市開発を考える	大野輝之 レイコ・ハベ・エバンス
ディズニーランドという聖地	能登路雅子
原発はなぜ危険か◆	田中三彦
豊かさとは何か	暉峻淑子
農の情景	杉浦明平
異邦人は君ヶ代丸に乗って	金賛汀
読書と社会科学	内田義彦
文化人類学への招待◆	山口昌男
ビルマ敗戦行記	荒木進
プルトニウムの恐怖	高木仁三郎
日本の私鉄	和久田康雄
社会科学における人間	大塚久雄
女性解放思想の歩み	水田珠枝
沖縄ノート	大江健三郎
沖縄	比嘉春潮
民話	関敬吾
唯物史観と現代〔第二版〕	梅本克己
民話を生む人々	山代巴
米軍と農民	阿波根昌鴻
沖縄からの報告	瀬長亀次郎
結婚退職後の私たち	塩沢美代子
ユダヤ人◆	J-P・サルトル 安堂信也訳
社会認識の歩み◆	内田義彦
社会科学の方法	大塚久雄
自動車の社会的費用	宇沢弘文
上海	殿木圭一
現代支那論	尾崎秀実

岩波新書より

法律

医療と介護の法律入門　児玉安司
敵対的買収とアクティビスト　太田洋
会社法入門〔第三版〕　神田秀樹
法の近代 権力と暴力をわかつもの　嘉戸一将
少年法入門　廣瀬健二
倒産法入門　伊藤眞
国際人権入門　申惠丰
AIの時代と法　小塚荘一郎
労働法入門〔新版〕　水町勇一郎
アメリカ人のみた日本の死刑　デイビッド・T・ジョンソン　笹倉香奈訳
虚偽自白を読み解く　浜田寿美男
親権と子ども　榊原富士子　池田清貴
裁判の非情と人情　原田國男
独占禁止法〔新版〕　村上政博
密着 最高裁のしごと　川名壮志

「法の支配」とは何か 行政法入門　大浜啓吉
憲法への招待〔新版〕　渋谷秀樹
比較のなかの改憲論　辻村みよ子
大災害と法　津久井進
変革期の地方自治法　兼子仁
原発訴訟◆　海渡雄一
民法改正を考える◆　大村敦志
人が人を裁くということ　小坂井敏晶
知的財産法入門　小泉直樹
消費者の権利〔新版〕　正田彬
名誉毀損　山田隆司
刑法入門　山口厚
家族と法　二宮周平
憲法とは何か　長谷部恭男
良心の自由と子どもたち　西原博史
著作権の考え方　岡本薫
法とは何か〔新版〕　渡辺洋三
戦争犯罪とは何か　藤田久一
日本の憲法〔第三版〕　長谷川正安

憲法と天皇制　横田耕一
自由と国家　樋口陽一
憲法第九条　小林直樹
日本人の法意識　川島武宜
憲法講話◆　宮沢俊義

(2023.7)　◆は品切，電子書籍版あり．(B)

岩波新書より

言語

優しいコミュニケーション　村田和代
うつりゆく日本語をよむ　今野真二
英語独習法　今井むつみ
『広辞苑』をよむ　今野真二
60歳からの外国語修行 メキシコに学ぶ　青山南
やさしい日本語　庵功雄
世界の名前◆　岩波書店辞典編集部編
英語学習は早いほど良いのか　バトラー後藤裕子
ものの言いかた西東　小林隆・澤村美幸
日本語スケッチ帳　田中章夫
日本語の考古学　今野真二
辞書の仕事◆　増井元
実践 日本人の英語　マーク・ピーターセン
ことばの力学　白井恭弘
百年前の日本語◆　今野真二
女ことばと日本語　中村桃子

テレビの日本語　加藤昌男
日本語雑記帳◆　田中章夫
英語で話すヒント◆　小松達也
仏教漢語50話　興膳宏
語感トレーニング◆　中村明
日本語の古典　山口仲美
ことばと思考　今井むつみ
漢文と東アジア　金文京
外国語学習の科学　白井恭弘
日本語の源流を求めて　大野晋
英文の読み方　行方昭夫
ことば遊びの楽しみ　阿刀田高
日本語の歴史　山口仲美
日本の漢字　笹原宏之
ことばの由来◆　堀井令以知
コミュニケーション力　齋藤孝
漢字と中国人　大島正二
日本語の教室　大野晋
伝わる英語表現法　長部三郎

日本人はなぜ英語ができないか　鈴木孝夫
心にとどく英語　マーク・ピーターセン
日本語練習帳　大野晋
翻訳と日本の近代　丸山真男・加藤周一
日本語ウォッチング　井上史雄
教養としての言語学　鈴木孝夫
日本語の起源〔新版〕　大野晋
日本人の英語 続　マーク・ピーターセン
日本語と外国語　鈴木孝夫
日本人の英語　マーク・ピーターセン
日本語〔新版〕上・下　金田一春彦
ことばの道草　岩波書店辞典編集部編
日本語の構造　中島文雄
ことばとイメージ　川本茂雄
外国語上達法　千野栄一
記号論への招待　池上嘉彦
翻訳語成立事情　柳父章
ことばと国家　田中克彦
日本語の文法を考える　大野晋

(2023.7)　◆は品切，電子書籍版あり．　(K1)

岩波新書より

ヨーロッパの言語	泉井久之助
日本の方言	柴田 武
言語と社会	ピーター・トラッドギル 土田 滋 訳
ことばと文化	鈴木孝夫
かな	小松茂美
漢字◆	白川 静

岩波新書より

芸術

- カラー版 名画を見る眼Ⅱ　高階秀爾
- カラー版 名画を見る眼Ⅰ　高階秀爾
- 占領期カラー写真を読む　佐藤洋一／衣川太一
- 水墨画入門　島尾新
- 酒井抱一 俳諧と絵画の織りなす抒情　井田太郎
- 平成の藝談 歌舞伎の真髄にふれる　犬丸治
- K-POP 新感覚のメディア　金成玟
- ベラスケス 宮廷のなかの革命者　大高保二郎
- ヴェネツィア 美の都の一千年　宮下規久朗
- 丹下健三 戦後日本の構想者　豊川斎赫
- 学校で教えてくれない音楽◆　大友良英
- 中国絵画入門　宇佐美文理
- 瞽女うた　ジェラルド・グローマー
- 東北を聴く　佐々木幹郎
- 黙示録　岡田温司
- ボブ・ディラン ロックの精霊　湯浅学
- 仏像の顔　清水眞澄
- 柳宗悦　中見真理
- ヘタウマ文化論　山藤章二
- 小さな建築　隈研吾
- コルトレーン ジャズの殉教者　藤岡靖洋
- 雅楽を聴く　寺内直子
- 歌謡曲　高護
- 歌舞伎の愉しみ方　山川静夫
- 自然な建築　隈研吾
- 肖像写真　多木浩二
- 東京遺産　森まゆみ
- 絵のある人生　安野光雅
- 日本の色を染める　吉岡幸雄
- プラハを歩く　田中充子
- 日本絵画のあそび　榊原悟
- ぼくのマンガ人生　手塚治虫
- 日本の近代建築 上・下　藤森照信
- ゲルニカ物語　荒井信一
- 千利休 無言の前衛　赤瀬川原平
- やきもの文化史　三杉隆敏
- 歌右衛門の六十年　中村歌右衛門／山川静夫
- フルトヴェングラー　脇圭平／芦津丈夫
- 明治大正の民衆娯楽　倉田喜弘
- 茶の文化史　村井康彦
- 日本の耳　小倉朗
- 日本の子どもの歌　園部三郎／山住正己
- 二十世紀の音楽　吉田秀和
- 水墨画　矢代幸雄
- 絵を描く子供たち　北川民次
- ギリシアの美術　澤柳大五郎
- 音楽の基礎　芥川也寸志
- 日本刀　本間順治
- 日本美の再発見〔増補改訳版〕　ブルーノ・タウト／篠田英雄 訳
- ミケルアンヂェロ　羽仁五郎

岩波新書より

自然科学

まちがえる脳　櫻井芳雄
知っておきたい地球科学　鎌田浩毅
人新世の科学　オズワルド・シュミッツ　日浦勉訳
イワナの謎を追う　石城謙吉
花粉症と人類　小塩海平
美しい数学入門　伊藤由佳理
統合失調症　村井俊哉
リハビリ 生きる力を引き出す　長谷川幹
がん免疫療法とは何か　本庶佑
ユーラシア動物紀行　増田隆一
津波災害〔増補版〕　河田惠昭
技術の街道をゆく　畑村洋太郎
抗生物質と人間◆　山本太郎
ゲノム編集を問う　石井哲也
霊長類 消えゆく森の番人　井田徹治
系外惑星と太陽系　井田茂

文明は〈見えない世界〉がつくる　松井孝典
首都直下地震◆　平田直
南海トラフ地震　山岡耕春
ヒョウタン文化誌　湯浅浩史
人物で語る数学入門　高瀬正仁
桜　勝木俊雄
エピジェネティクス　仲野徹
算数的思考法◆　坪田耕三
地球外生命 われわれは孤独か　長沼毅　井田茂
科学者が人間であること　中村桂子
富士山 大自然への道案内◆　小山真人
近代発明家列伝　橋本毅彦
川と国土の危機 水害と社会　高橋裕
適正技術と代替社会◆　田中直
四季の地球科学　尾池和夫
地下水は語る　守田優
キノコの教え　小川眞
宇宙から学ぶ ユニバソロジのすすめ　毛利衛

心と脳　安西祐一郎
職業としての科学　佐藤文隆
ぶらりミクロ散歩　田中敬一
冬眠の謎を解く　近藤宣昭
人物で語る化学入門　竹内敬人
宇宙論入門◆　佐藤勝彦
岡潔 数学の詩人◆　高瀬正仁
タンパク質の一生　永田和宏
疑似科学入門　池内了
火山噴火　鎌田浩毅
数に強くなる◆　畑村洋太郎
人物で語る物理入門 上・下　米沢富美子
日本の地震災害◆　伊藤和明
宇宙人としての生き方　松井孝典
旬の魚はなぜうまい◆　岩井保
私の脳科学講義　利根川進
宇宙からの贈りもの◆　毛利衛
市民科学者として生きる　高木仁三郎
科学の目 科学のこころ◆　長谷川眞理子

岩波新書より

地震予知を考える	茂木清夫
科学論入門	佐々木力
ブナの森を楽しむ	西口親雄
無限のなかの数学	志賀浩二
細胞から生命が見える	柳田充弘
からだの設計図	岡田節人
大地動乱の時代	石橋克彦
日本列島の誕生◆	平朝彦
生物進化を考える	木村資生
宇宙論への招待	佐藤文隆
星の古記録	斉藤国治
分子と宇宙	木原太郎
ニュートン	島尾永康
物理学とは何だろうか 上・下	朝永振一郎
相対性理論入門◆	内山龍雄
大工道具の歴史	村松貞次郎
人間であること	時実利彦
日本人の骨	鈴木尚
脳の話	時実利彦
人間以前の社会◆	今西錦司
栽培植物と農耕の起源	中尾佐助
動物と太陽コンパス	桑原万寿太郎
生物と無生物の間	川喜田愛郎
生命の起原と生化学	オパーリン 江上不二夫編
ダーウィンの生涯	八杉竜一
科学の方法	中谷宇吉郎
宇宙と星	畑中武夫
数学の学び方・教え方	遠山啓
現代数学対話	遠山啓
数学入門 上・下	遠山啓
無限と連続	遠山啓
原子力発電	武谷三男編
日本の数学	小倉金之助
物理学はいかに創られたか 上・下	アインシュタイン インフェルト 石原純訳
零の発見	吉田洋一

(2023.7)　　◆は品切，電子書籍版あり．(S2)

岩波新書/最新刊から

2010 〈一人前〉と戦後社会 ―対等を求めて― 沼尻晃伸・禹宗杬 著
弱い者が〈一人前〉として、他者と対等にふるまうことで社会を動かしてきた。私たちの原動力を取り戻す方法を歴史のなかに探る。

2011 魔女狩りのヨーロッパ史 池上俊一 著
ヨーロッパ文明が光を放ち始めた一五〜一八世紀、魔女狩りという闇が口を開いたのはなぜか。進展著しい研究をふまえ本質に迫る。

2012 ピアノトリオ ―モダンジャズへの入り口― マイク・モラスキー 著
日本のジャズ界でも人気のピアノトリオ。エヴァンスなどの名盤を取り上げながら、その歴史を紐解き、具体的な魅力、聴き方を語る。

2013 スタートアップとは何か ―経済活性化への処方箋― 加藤雅俊 著
経済活性化への期待を担うスタートアップ。アカデミックな知見に基づきその実態を見定め、「挑戦者」への適切な支援を考える。

2014 罪を犯した人々を支える ―刑事司法と福祉のはざまで― 藤原正範 著
「凶悪な犯罪者」からはほど遠い、社会復帰のために支援を必要とするリアルな姿。司法と福祉の溝を社会はどう乗り越えるのか。

2015 日本語と漢字 ―正書法がないことばの歴史― 今野真二 著
漢字は単なる文字であることを超えて、日本語に影響を与えつづけてきた。さまざまなかたちから探る、「変わらないもの」の歴史。

2016 頼山陽 ―詩魂と史眼― 揖斐高 著
詩人の魂と歴史家の眼を兼ね備えた稀有な文人の生涯を、江戸後期の文事と時代状況のなかに活写することで、全体像に迫る評伝。

2017 ひらがなの世界 ―文字が生む美意識― 石川九楊 著
ひらがな＝女手という大河を遡ってその源流を探り、「つながる文字」の本質に迫る。貫之の名品から顔文字、そしてアニメまで。

(2024.6)